Remember Who You Are

기억하라, 네가 누구인지를

세례를 받는 모든 이에게

이 도서의 국립중앙도서관 출판시도서목록(CIP)은

서지정보유통지원시스템 홈페이지(http://seoji.nl.go.kr)와

국가자료공동목록시스템(http://www.nl.go.kr/kolisnet)에서

이용하실 수 있습니다. (CIP제어번호 : CIP2020011440)

Remember Who You Are

기억하라, 네가 누구인지를

세례를 받는 모든 이에게

윌리엄 윌리몬 지음 · 정다운 옮김

비아
VIA

| 차례 |

일러두기

· 성경 표기와 인용은 『새번역』(대한성서공회, 2004)을 따르되 원문과 지나치게 차이가 날 경우 역자가 직접 번역했습니다.

· 역자 주석의 경우 *표시를 해 두었습니다.

· 단행본 서적의 경우 『 』표기를, 논문이나 글의 경우 「 」, 영화, TV 프로그램, 음악 작품이나 미술 작품의 경우 《 》표기를 사용했습니다.

· 소모임을 위한 질문은 이 책을 가지고 교회 소모임을 하게 될 때 사용하기 쉽게 구성되어 있습니다. 선호에 따라 각 장 시작 부분과 끝 부분에 나오는 질문을 사용하십시오.

  인도자의 경우에는 맨 뒤에 있는 "인도자를 위한 안내"를 참고해 모임을 진행하기를 바랍니다.

전능하신 주님,

한 처음 어둠 속에서 창조가 시작될 때에

물 위에 성령이신 당신께서 함께 하셨으며,

이집트의 노예로 묶여 살던 이스라엘 백성을

홍해의 물을 통하여 약속의 땅으로 인도하셨나이다.

또한 당신의 아들 예수께서 물로 세례를 받으시고,

십자가에 수난하셨으나 죽음의 사슬을 끊고 부활하시어

영원한 생명으로 우리를 이끌어주셨나이다.

그러므로 이 구원의 물을 주신 주님께 감사하오니,

이 물로 세례받는 이들에게 성령의 은총으로 새 생명을 얻게 하시며

그리스도의 몸과 하나가 되게 하소서.

- 성공회 기도서 세례 예식 中 물 축복기도 -

들어가며

저기 바다가 있네.
넓고도 광활한 바다.
무수한 것들로 넘실대는 바다.

- 시편 104편 25절 -

저는 이른 아침 캐롤라이나 해변이 내려다보이는 낡은 별장에서 이 글을 쓰고 있습니다. 고요한 수면 위로 태양이 솟아오릅니다. 이제 새날이 시작되려 합니다. 저 영원한 물 위로 태양은 그렇게 무수히 떠오르기를 반복했을 것입니다.

요동하며 휘몰아치는 바다, 쉼 없이 물결치는 저 바다로부터 수백만 년 전 생명이 시작되었습니다. 그리고 바다는 여전히 생명을 부양하고 있습니다. 생태학자들의 말대로 인류는 언제나 바다가 주는 선물에 의존해 살아왔습니다. 자궁에서 한 생명이 태어날 때도 물은 생명의 토양이 되며, 한 사람이 태어나는 과정에서도 창조의 모든 과정은 개략적으로 반복됩니다. 삶이라는 선물은 생명을 품은 물에서 나옵니다.

이 책은 그리스도인의 삶에 관한 책이며 생명에 관한 책입니다. 그렇기에 세례에 관한 책, 물에 관한 책, 정확하게는 '물과 말씀'으로 이루어지는 세례에 관한 책이기도 합니다. 저는 세례가 그리스도인의 삶이 어떤 모습이며, 어떠한 방식으로 드러나는지를 알려 준다는 확신을 가지고 이 책을 썼습니다.

제가 그리스도인인지 어떻게 알 수 있습니까?

이렇게 묻는 이에게 마르틴 루터Martin Luther는 답했습니다.

당신이 세례받았다는 사실은 알지 않습니까?
그것이 당신이 알아야 하는 전부입니다.

이처럼 그리스도인은 '물과 말씀'으로 세례를 받아 새로운 삶을 시작한, 예수의 죽음과 부활을 자신의 생명으로 삼아 살아가는 사람입니다. 간단하고 명백한 말이지만, 한편 기이하고 복잡한 이야기이기도 합니다.

이 책은 세례라는 선물의 의미를 궁금해하고, 세례가 우리 일상에서 갖는 의미를 탐구하고자 하는 이들을 위한 책입니다. 이는 역사를 되돌아보는 일이며 성경을 살피는 일이자, 신학적인 작업, 인격적인 작업, 궁극적으로는 삶을 걸어 탐구해야 하는 일입니다. 세례 교육반, 교회 내 학습 모임, 기도 모임, 여타 모임들, 그 밖에도 오늘날 세상에서 그리스도의 제자로 살아간다는 것이 어떠한 의미를 갖는지 묵상하고자 하는 모든 이, 세례를 제자된 삶의 출발점으로 삼고자 하는 이들이 함께 모여 이야기를 나눌 수 있도록 책을 구성했습니다. 세례를 앞둔 자녀의 부모, 누군가에게 세례 교육을 하고 세례를 베풀어야 하는 성직자들, 세례를 받은 이후에 무슨 일이 일어나는지 알고 싶은 세례받은 신자들에게 이 책이 도움이 되기를 바랍니다.

교구에 속한 교회들의 신자들과 학생들, 초기에 설익은 사유를 듣고 함께 이야기를 나누어 준 친구들에게 감사를 전합니다. 사우스캐롤라이나 콘웨이에 있는 제일 연합 감리교회 신자들에게도 고마운 마음입니다. 책을 저술하는 동안 저는 그 교회를 섬겼고 몇몇 젊은이의 세례 준비를 돕기도 했습니다. 브루스 세이어Bruce Sayre와 존 웨스터호프John Westerhoff에게도 고마움을 전합니다.

아득한 기억 속 어느 뜨거운 여름 주일 오후, 저를 안고 은빛 대야에 담긴 물을 제 머리에 붓고 제 이름을 부르며 이제 그리스도인이 되었다고 말해주었던, 지금은 은퇴하신 그래디 포레스터Grady Forrester 목사님께도 감사를 전합니다. 서른 번의 여름이 지났어도 제가 어디에 있든 무엇을 하든 그 은총의 물은 제 온몸을 채우며, 그 말은 여전히 우레처럼 울려 퍼집니다. 저는 여전히 그 부름에 답하며 오늘을 삽니다. 이 모든 것이 그저 선물로 주어졌습니다.

1979년 대림에
윌리엄 윌리몬

제1장

———

저 바위를 보아라,
너희가 거기에서 떨어져 나왔다*

이제 여러분은 외국인도 아니고 나그네도 아닙니다.
성도들과 같은 한 시민이며 … 한 가족입니다.

- 에베소서 2장 19절 -

|

    여기는 고대 로마, 때는 일요일 새벽 무렵입니다. 아침을 여는
활기가 이 위대한 도시의 거리를 채우기 시작합니다. 이때 한 상인
이 물건을 팔기 위해 아직 가시지 않은 어둠 속에서 터덜터덜 수레

———

* 다음 구절을 참조하라. "구원을 받고자 하는 사람들아, 내가 하는 말에 귀를
기울여라. 도움을 받으려고 나 주를 찾는 사람들아, 내가 하는 말을 들어라.
저 바위를 보아라. 너희가 거기에서 떨어져 나왔다. 저 구덩이를 보아라. 너
희가 거기에서 나왔다." (사 51:1)

를 끌고 가다 돌부리에 걸려 어느 저택 앞에서 넘어집니다. 그는 욕을 하며 자리에서 일어나 옷을 툭툭 텁니다. 텅 비어 고요한 길 위에 서 있는 상인의 귓전에 어디선가 희미한 노랫소리가 들려옵니다. 그는 소리가 들려오는 곳으로 다가가 현관문에 귀를 댑니다. 하지만 저택 너머로 무슨 일이 일어나고 있는지는 보이지 않습니다. 상인은 벽 너머로 들려오는 노랫소리만을 들을 수 있을 뿐입니다. 그나마 가사는 알아듣기도 힘듭니다. 상인은 생각합니다. '밤 늦게까지 흥청대며 술을 마신 모양이군. 내내 저렇게 술을 마시며 축제를 벌인 모양이야. 신들은 어떤 사람들은 저렇게 밤새 먹고, 마시고, 잔치하고, 퍼질러 자게 두시면서, 어떤 사람들은 종일 일만 하게 내버려 두시지.' 그는 투덜대며 다시금 수레를 끌고 어두운 거리로 걸어갑니다.

문 너머에서 들려오던 그 노래가 밤새 흥청대며 벌인 축제의 끝이 아니라 축제의 시작을 알리는 소리였음을 상인은 알지 못했습니다. 그 집에서는 한 무리의 사람들이 모여 (무리에 적대적인 정부 권력자들이 들어오지 못하도록) 문을 잠근 채 예식을 하고 있었습니다. 국가에서 이들을 '불법 종교'로 지정했기 때문입니다. 이들은 '그리스도인'이라 불렸으며 파스카Πάσχα(부활절)라는, 기쁨 가득한 신앙 생활 중에서도 가장 기쁨으로 가득한 날을 기념하러 모여 있었습니다. 이날, 그들은 새롭게 회심해 모임에 참여하려는 사람을 받아들이는 의례를 진행했습니다. 이 기이해 보이는 가입 예식을 그들은 '세례'baptism라고 불렀습니다. 이제 수 세기 동안 닫혀 있던 그 문을 열고 안으로 들어가 초대 그리스도인들의 입교 예식, 세례에 관해 살펴보기로 합시다.

II

저택 문이 열립니다. 안으로 들어가 봅시다. 이제 우리는 전형적인 로마식 가옥 안뜰, 혹은 기둥이 늘어서 있는 마당에 서 있습니다. 안마당에는 선생으로 보이는 연장자가 있고 그 발치에 한 무리가 앉아 그의 가르침을 듣고 있습니다. 아직은 어두운 시각, 두루마리를 읽어 내려가는 사람 곁에 있는 작은 램프만이 희미한 빛을 발합니다.

가르침을 받는 이들은 '카테쿠메노스'κατηχούμενος(세례 준비자, 듣는 이)라 불립니다. 이들은 교회의 구성원이 되기 위하여 지난 3년간 준비 기간을 거쳤고 이제 마지막 단계를 밟고 있습니다. 이들을 가르치는 이들은 '에피스코포스'ἐπίσκοπος('주교' 혹은 '감독')입니다. 이들에게는 가르침을 전해야 할 책무뿐 아니라 이 고단한 시험 과정 동안 '듣는 이'들을 이끌 책무가 있습니다. 이제 주교는 세례 준비자들이 교회의 구성원이 될 준비가 되었는지를 검증하는 시험을 주관해야 합니다.

이날이 오기 훨씬 전, 후보자들은 한 차례 검증 과정을 거친 바 있습니다. 이 과정에서 무리의 장로들은 후보자들이 본격적인 가르침을 받기 전에 입교 과정을 밟기에 적절한지를 면밀히 살펴봅니다. 국가가 교회를 박해하고 있었기에 살아남기도 급급한 처지였지만 교회는 이교 환경에 맞서 신중하게 자신들을 구별했습니다. 입교를 원하는 이들은 모두 엄중한 심사를 받았습니다. 우상숭

배자, 배우, 서커스 단원, 포주, 검투사, 성매매 종사자, 점성술사, 마술사의 입교는 강하게 거부했습니다. 이 유흥업은 모두 부도덕한 행위와 관련되어 있을 뿐 아니라 직업 자체가 이교적 의미를 함축하고 있기 때문입니다. 교회는 군인과 고위 관료 역시 (특정 서약을 하지 않는 한) 이교 국가에 복종하는 직업을 가졌다는 이유로 받아들이지 않았습니다. 이교 신화나 이교 이야기들의 애호가로 악명이 높았던 예술가와 학자도 잘 받아들이지 않았습니다. 즉, 교회에 들어가기 위해서는 큰 대가를 치러야 했습니다. 교회의 구성원이 되려면 이방 세계와 단호히 절연해야 했습니다. 교회와 세상 중 양자택일을 해야 했습니다. 교회가 이를 요구했습니다. 교회는 온전한 그리스도인이 되겠다고 결단하지 않으면 아예 그리스도인이 될 수 없다고 간주했습니다. 예수 앞에 나왔으나 예수를 따르지 못한 부자 청년처럼(눅 18:23) 많은 사람이 교회에 오기를 주저하여 '슬퍼하며 떠나갔습니다'. 그토록 커다란 대가를 치를 엄두를 내지 못했기 때문입니다.

까다로운 심사를 거쳐 과정에 입문한 세례 준비자들은 3년간 가르침을 받고 예배를 드리는 시기를 거치게 됩니다. 이 기간은 우선 윤리적 덕목을 훈련하는 기간입니다. 3년간 그들은 교회가 제시한 윤리적 기준을 따라 사는 법을 익힙니다. 교회의 구성원이 된다는 것은 과거의 삶에서 자신을 돌이키는 것('회심'conversion), 삶의 방식, 사사로운 습관, 세상을 보는 관점에 이르기까지 모든 부분에서 '신앙의 규칙'the rule of faith**을 따르는 것을 포함합니다. 준비자들도 주일 예배에서 첫 부분, 성경 독서***와 설교를 듣는 말씀의 전례에 참여할 수는 있지만 성찬례에는 참여할 수 없습니다. 그들은 성찬례 전 기도와 축성祝聖,consecration****을 하기 전에 예배에서 나와야 했습니다.

그렇게 3년을 보내고 나면, 세례 준비자들은 삶으로 자신의 신앙을 검증받습니다. 과부들을 공경했는지, 병든 이들을 찾아갔는지, 선한 일을 했는지를 교회는 그들에게 묻습니다. 이 시험을 통과한 준비자는 자격자competentes(선발된 예비신자)가 됩니다. 세례 준비자가 주로 도덕적인 삶을 훈련하고 익혔다면, 자격자는 (부활절을 몇 주 앞두고) 복음에 관해 배웁니다. 교회는 그들에게 그리스도인이 믿는 진리의 본질을 요약한 사도신경을 가르칩니다. 세례를 앞두고 자격자들은 금식을 하고, 불침번을 서고, 철야 기도를 드립니다. 훈련의 마지막 단계에서 사탄이 틈을 타고 들어와 힘을 쓰지

** 신앙의 규칙rule of faith은 라틴어 '레굴라 피데이'regula fidei의 영어 번역으로 신앙 고백을 뜻하는 '콘페시오'confessio, 신경을 뜻하는 '심볼룸'symbolum과 뜻이 비슷하나 좀 더 포괄적인 의미를 지니고 있다. 이레네우스와 테르툴리아누스에 따르면 '신앙의 규칙'은 '공교회가 사도들과 그 제자들로부터 전해 받은 신앙'을 뜻한다.

*** 전통적으로 교회 예배는 크게 '말씀의 전례'와 '성찬의 전례'로 구성되어 있고 이를 충실히 따르는 교회에서는 '말씀의 전례' 시 구약성경(1독서)과 신약성경(2독서, 복음서는 제외)을 읽는 것을 '성경 독서'라 한다(복음서는 성경 독서 후 화답송과 복음 환호송을 부른 뒤 읽는데, 이전에는 앉아서 듣는 반면 복음서를 낭독할 때는 일어서서 듣는다). 전례 전통을 상대적으로 중시하지 않는 교회에서는 '말씀의 전례'만으로 예배를 드리기도 하며 설교 본문을 낭독하는 것을 '성경 봉독'이라고 한다.

**** '축성'은 넓게는 사람이나 물건을 주님께 봉헌하여 성스럽게 하는 것을 뜻하며 이 맥락에서는 성찬례 시 빵과 포도주가 봉헌되어 성스럽게 되는 것을 말한다.

못하도록, 주교는 사탄을 내쫓는 기도를 드리곤 했습니다.

　마침내 성주간(고난주간)을 맞은 자격자들은 이제 매일같이 몸을 씻으며 세례를 준비합니다. 부활절 전 금요일('성금요일'이라고 부르지요) 밤과 토요일에는 금식을, 부활 전날 밤에는 철야를 합니다. 이 밤 그들은 성경 독서를 듣고 마지막 가르침을 받습니다. 마침내 부활의 날 아침, 지평선에 해가 돋으면 첫 햇빛을 받으며 자격자들은 한 사람씩 어두운 뜰을 지나 각기 나누어진 가정 교회의 세례실로 인도됩니다. 이제 그리스도교의 가입 예식이 시작되려 합니다.

Ⅲ

　세례실은 세례라는 특별한 목적을 위해 집에 별도로 마련해 둔 방입니다. 세례는 아이, 남성, 여성 순으로 이어졌고 아이가 너무 어리면 부모나 친척이 대신 응답을 하며 아이를 이끌어 주었습니다. 지금, 이 방 앞에서 젊은 여종 드루실라가 자신의 세례 순서를 기다리고 있습니다. 이윽고 그녀의 이름이 불리고 드루실라는 문 앞으로 갑니다. 부제deacon가 문을 열더니 그녀에게 들어오라고 합니다.

　세례실 안에는 희미하게 램프가 빛납니다. 그 희미한 빛에 어둠에 묻혀 있던 벽화가 모습을 드러냅니다. 벽에는 세례와 관련된 성경 속 장면들이 그려져 있습니다. 물 위를 걸으며 배 위에 있는 제자들을 부르는 예수, 광야에서 모세가 바위를 내리쳐 물이 터져 나오는 모습, 방주 안에 있는 노아와 가족들의 모습이 보입니다. 그 외에도 여러 장면이 그려져 있습니다. 이제 그 장면들은 그녀에게 새로운 의미로 다가옵니다. 베드로가 예수를 따라 물에 뛰어들었듯 이제 그녀도 신앙이라는 불확실한 물에 뛰어드는 모험을 시작하려 합니다. 바위에서 물이 솟았듯 자기 안에서 새로운 생명이 솟구치고 있다고 느낍니다. 홍수로부터 방주가 노아와 가족들을 보호해주었듯 이제 그녀도 죽음을 향해 가는 세상에서 일어나는 파괴와 죽음으로부터 교회의 보호를 받게 되었습니다.

드루실라는 옷과 장신구를 모두 벗습니다. 여성 부제가 드루실라를 도와줍니다. 이전에 주교는 이야기했습니다. "세상에 속한 것을 들고 물에 들어가서는 안 됩니다. 이전 삶에 속한 것은 어떤 것도 간직해서는 안 됩니다." 알몸이 된 드루실라를 여성 부제들이 인도합니다. 세상에 처음 태어날 때 그랬듯 벌거벗은 채로 드루실라는 사각 욕조 앞에 섭니다. 욕조는 한편으로 무덤을 닮았습니다. 장로들의 독려를 받으며 그녀는 마침내 극적인 포기 선언을 합니다.

사탄아, 나는 너를 버린다.
너를 섬기는 종들을, 네가 벌이는 모든 일을 거부한다.

그러고 나면 장로들이 그녀에게 악한 영들을 쫓는 기름을 부으며 외칩니다.

모든 악한 영은 물러나라.

로마인들은 더러운 것을 씻어낼 때 기름을 사용했습니다. 이 기름은 그녀가 애착하던 것, 충성하던 것, 이전 삶의 기준들이 씻기고 정화됨을 가리키는 결정적인 표현입니다. 드디어, 드루실라가 차고 깊은 물을 향해 한 발을 내딛습니다. 여성 부제들이 그녀를 물로 이끌고 장로들은 그녀를 향해 물음을 던집니다.

당신은 거룩하신 아버지를 믿습니까?

물에 들어가 그녀가 답합니다.

전능하신 아버지를 믿습니다.

당신은 예수 그리스도를 믿습니까?

그분의 외아들, 우리 주 예수 그리스도를 믿습니다.

여성 부제들이 그녀를 다시 물로 밀어 넣습니다.

당신은 성령을 믿습니까?

믿습니다.

세 번째 답을 마지막으로 드루실라는 물에 완전히 잠깁니다.

이제 물에서 나온 그녀에게 주교가 감사의 기름을 붓습니다. 몸을 말리고 옷을 입은 후 그녀는 부제의 인도를 받으며 좁은 복도를 지나 저택에 있는 연회장으로 향합니다. 램프가 밝게 타오르고 모든 신자가 모여 있습니다. 이내 그녀는 그곳이 바로 거룩한 식사(성찬)를 기념하는 곳, 교회의 성찬실임을 알게 됩니다. 모두가 서서 드루실라를 향해 미소를 짓습니다. 그녀는 곧장 연회장 끝 쪽에 앉아 있는 주교 앞으로 나아갑니다. 드루실라는 무릎을 꿇고 주교는 그녀 머리에 손을 얹고 기도합니다.

주님, 그녀를 소중히 여기셔서 성령으로 거듭나게 하시는 물을 통하여 죄를 씻어주셨으니 은총을 내려 주셔서 그녀가 당신의 뜻을 따라 당신을 섬기게 하소서. 영광이 당신께, 거룩한 교회를 통하여 성부와 성자와 성령께. 이제와 또한 영원히, 아멘.

주교의 기도를 들으며, 머리에 닿은 부드러운 손길을 느끼며, 또한 그 무게를 느끼며 드루실라는 이제 자신이 진정으로 깨끗해졌고 거듭났으며, 새로운 생명을 주시는 성령으로 존재가 가득 채워짐을 느낍니다. 주교는 다시 작은 병에 담긴 기름을 꺼내 세 번에 걸쳐 감사의 기름을 그녀에게 부으며 말합니다.

전능하신 아버지와 예수 그리스도와 성령으로,
주님 안에서 그대에게 기름을 붓습니다.

그러고는 드루실라의 이마에 십자가 모양으로 성호를 그어 성령의 인장을 찍습니다. 그녀를 그리스도의 제자로 인정하고, 제자로 삼습니다. 이제 주교는 드루실라에게 입을 맞춘 후 둘러싼 회중 앞에 그녀를 세웁니다.

여러분의 새로운 자매입니다.
그리스도 안에서 자매 된 드루실라에게 인사하십시오.

주교가 선언하자 모두 몰려와 그녀를 안아주며 회중에 들어오게 된 것을 기쁜 마음으로 받아들입니다. 이제 드루실라와 새로 그리스도인이 된 이들도 회중이 함께 드리는 중보 기도에 참여할 수 있게 되었습니다. 이 기도는 입교 전에는 허락되지 않은 특권입니다. 중보 기도를 드린 후에 모든 신자는 식탁에 둘러앉습니다. 부제들은 식사를 위해 신자들이 들고 온 빵과 포도주를 한데 모읍니다. 드루실라도 집에서 구워 온 빵을 가져왔습니다. 이 나눔도 그녀에게는 특권으로 다가옵니다. 다른 이들이 가져온 음식과 함께 그 빵도 탁자에 놓입니다. 주교는 탁자 위로 팔을 뻗어 긴 감사의 기도를 드립니다. 동료 그리스도인들과 주님의 만찬을 나눌 수 있게 되다니, 드루실라는 가슴 벅찬 기쁨을 느낍니다.

기도를 드리며 높은 곳에 난 창문을 올려다봅니다. 동이 터오는 하늘은 하루의 첫 햇살로 환히 빛나고 있습니다. 새날이 시작된 것입니다. 부활의 날, 부활 주일입니다. 드루실라는 죽었다가 다시 살아난 것만 같습니다. 새로운 삶의 새벽빛이 그녀를 비춥니다. 빵을 먹고 포도주를 마신 후 주교는 회중이 찬송을 부르도록 인도합니다. 드루실라가 이 놀라운 날 경험한 것에 관한 노래입니다.

> 그리하여 성도들이 받을 상속의 몫을 차지할 자격을 여러분에게 주신 아버지께, 여러분이 빛 속에서 감사를 드리게 되기를 우리는 바랍니다. 아버지께서 우리를 암흑의 권세에서 건져 내셔서, 자기의 사랑하는 아들의 나라로 옮기셨습니다. 우리는 그 아들 안에서 구속 곧 죄 사함을 받았습니다. (골 1:12~14)

주교가 축복기도를 드린 후 신자들은 서로를 안아주며 인사를 하고 집으로 돌아갑니다. 국가에서 이 수상한 모임에 대해 알게 되지나 않을까 조심하며 재빨리 흩어집니다. 드루실라 역시 서둘러 집으로 향합니다. 새로이 갖게 된 이 신앙으로 인해 그녀는 커다란 대가를 치러야 할지 모릅니다. 하지만 기꺼이 그 값을 치를 것입니다. 오늘 그녀는 헤아릴 수 없이 소중한 것을 받았기 때문입니다.

IV

지금까지 2세기 무렵 로마 가정 교회에서 행하던 세례 장면을 엿보았습니다. 오늘날 우리도 이런 식으로 세례를 해야 한다고 말하려고, 혹은 역사 강의를 하려고 이렇게 이야기를 재구성한 것은 아닙니다. 저는 이 이야기를 통해 세례의 본뜻이 무엇이었는지, 우리가 어떤 바위에서 떨어져 나왔는지를 보여드리고 싶었습니다. 세례는 초대 그리스도인들이 새로운 그리스도인들을 만드는 방식이었습니다. 신앙의 선조들은 그렇게 세례를 받았으며 이 세례가 우리 신앙의 뿌리입니다. 물론 초대 그리스도인들이 했던 예식을 그대로 따라 할 수 없고, 그래서도 안 됩니다. 그러나 초대교회의 세례를 살피다 보면 오늘날 우리가 세례를 받는 모습과 비교가 되는 것은 어쩔 수 없습니다.

오늘날 교회에서 세례식 풍경은 대략 이렇습니다. 교회 사무실에 한 통의 전화가 걸려옵니다. 한 새댁이 자신의 아이에게 세례를 "해 줄" 수 있느냐고 묻습니다. 아이 이모가 주말에 이곳에 오는데 이왕이면 교회에서 만나 아이도 세례를 받게 하는 것이 좋겠다고 하면서요. 목사는 바로 답을 하지 못하고 뜸을 들입니다. 아이 엄마는 교회에서 몇 번 보지 못했고 그나마 아이 아빠는 아예 만난 적도 없기 때문입니다. 아이 엄마에 따르면 아이 아빠는 "교회에 다니는 부류"가 아니라는 것입니다. 하지만 주말에 이곳에서 가족 모임이 있다고 하고, 자신이 망설이는 이유를 그 부부에게 말하기가 불편하기도 해서 목사는 그냥 오는 주일에 세례를 "해 주겠"다고 말합니다. 그리고 이야기를 이어나갑니다.

"그런데 주일 예배 일정이 이미 다 찼습니다. 가을 제자 훈련 기간인 데다가 성가대도 두 곡을 부르기로 했거든요. 그러니 시간이 너무 늘어지지 않게 예배 순서를 다 마치고 세례를 해야 할 것 같습니다. 아, 성수 뿌리는 순서는 1부 순서에 배치할 수도 있겠네요. 아이가 산만해지기 전에 해야지요. 주일에 아이를 데리고 나오도록 하세요."

이는 오늘날 교회들에서 충분히 일어날 법한 세례식 풍경입니다. 사정이 이러하니 초대교회에서 진행한 세례식 풍경, 이를 통해 드러난 초대교회의 특성들은 우리 눈에 사뭇 충격적일 수밖에 없습니다. 초대교회가 생각하던 세례의 특징에 대해 다시 한번 살펴봅시다.

1. 회심하지 않고, 배우지 않고, 삶의 방향을 전면적으로 수정하지 않고 그리스도인이 될 수는 없다고 교회는 확신했습니다. 그리고 회심을 위해 사람들은 복잡하고도 고된 세례 준비 과정을 거쳤습니다. 그야말로 완전히, 전적으로 새로운 피조물이 되어야 했으며 이를 위해 철저한 훈련을 받았습니다. 테르툴리아누스 Tertullian가 말한 대로 "그리스도인으로 태어나는 것이 아니라, 그리스도인으로 만들어"지는 것이었습니다. 그리스도인으로 타고나는 사람은 없습니다. 그리스도인의 자녀라 해도 마찬가지입니다. 거룩하신 아버지에게는 손자, 손녀가 없습니다. 모두가 거듭나야, 재창조되어야, 새롭게 되어야, 변화되어야 합니다.

2. 초대교회에서 세례는 단순히 주일 예배 중간에 끼워 넣는 하나의 의례가 아니었습니다. 세례는 그 자체로 회심과 성장이라는 긴 과정의 정점이자 지속적인 변화와 성장이라는 또 다른 긴 과정의 시작이었습니다.

3. 세례는 교회에 가입하는 것을 뜻했습니다. 세례 과정의 목적, 세례 예식을 하는 이유는 어떤 사적이고 개인적인 욕구를 성취

하기 위함이 아니었습니다. 세례의 목적은 신앙 공동체의 구성원이 되는 것이었습니다. 다시 말해 함께하는 삶으로 들어가는 공동의 예식이지, 개인이 사사로운 목적으로 참여하는 사적 예식이 아니었습니다. 초대교회는 분명하게 '그리스도를 따르는 이가 된다는 것은 곧 그리스도라는 몸을 이루는 지체가 되는 것'이라고 말했습니다. 교회 없이 그리스도인은 있을 수 없습니다. 신앙 공동체 밖에 있는 신앙도 없습니다.

4. 그리스도교 신앙에 들어서게 하는 일, 이에 수반되어 진행되는 세례는 교회가 마땅히 해야 할, 가장 기본적인 일이었습니다. 주님은 교회에 "세례를 주고 가르쳐"(마 28:19~20) 제자를 삼으라고 명령하셨습니다. 교회의 주된 과업은 사람들에게 주님이 통치하는 나라의 백성이 되었다고 선언하고, 그 나라 백성이라는 정체성에 걸맞은 삶을 살도록 사람들을 훈련하는 것이었습니다. 그것이야말로 복음을 전하는 활동의 핵심이었습니다. 이러한 맥락에서 세례란 머리로, 몸으로, 가슴으로 주님이 통치하는 나라에 참여하는 활동, 주님의 낯설지만 영광스러운 일(사람들을 부르고, 가르치고, 깨끗하게 만들고, 기름 붓고, 축복하고, 받아들이는 일)에 참여하는 활동입니다. 그리고 그 길은 실로 풍요롭고 다층적이며 복합적입니다.

여기에 몇 가지를 더 생각해 볼 수도 있겠습니다. 오늘날 대부분의 교회에서 하고 있는 세례식과 초대교회의 주장들을 비교해 보면 그리스도인을 양육하고 알아야 할 바를 제대로 알려 주기 위해 오늘날 교회가 할 일이 아직 많다는 점은 분명합니다. 교회가 구체적으로 무엇을 어떻게 해야 하는지를 따져 보는 일도 물론 중요합니다. 그러나 개혁의 첫걸음은 세례가 무엇이며, 어떤 의미가 있는지, 세례를 통해서 무엇이 이루어지는지를 이해하는 것입니다. 그리스도인의 삶의 기원과 목적, 교회의 기초는 모두 세례에 있기 때문입니다. 그럴 때 비로소 우리는 초대 그리스도인들이 살던 시대에서 1,900년이나 지난 오늘, 우리가 어떻게 세례를 주어야 할지, 어떻게 사람들을 회심시키고, 이 세상에서 그리스도인으로 살아가는 데 필요한 도구들을 마련해 줄지도 알게 될 것입니다. 이제 과거의 인도를 따라 그리스도 안에서 이루어지는 현재와 미래의 삶에서 세례가 갖는 의미를 살펴보겠습니다.

정리해 보기

◇ 초대교회의 구성원이 되기 위해서는 ____년간 준비 기간을 거쳤습니다. (13쪽)

◇ 교회 구성원이 된다는 것은 과거의 삶에서 자신을 돌이키는 것, 삶의 방식, 사사로운 습관, 세상을 보는 관점에 이르기까지 모든 부분에서 _____을 따르는 것을 포함했습니다. (15쪽)

◇ 세례 준비자들은 주일 예배에서 _____에는 참여할 수 있었지만 _____에는 참여할 수 없었습니다. (15쪽)

◇ 고대 로마 세계에서는 더러운 것을 씻어낼 때 _____을 사용했습니다. (18쪽)

◇ 초대교회에서는 세례를 베풀 때 _____가 세례받는 이의 머리에 손을 얹고 기도했습니다. (19쪽)

생각해 보기

◇ 우리 교회에서는 세례식을 언제 합니까?

◇ 세례를 받으려면 무엇을 해야 하나요?

◇ 세례란 당신에게 어떤 의미가 있나요?

◇ 교회에서 가장 최근에 세례를 받은 이에게 이런 질문을 해 봅시다.

◇ 당신이 출석하는 교회의 세례식과 초대 그리스도인들의 세례를 비교해 봅시다. 어떤 점이 유사하고 또 어떤 점에서 다릅니까?

◇ 당신이 출석하는 교회의 세례식 순서에 담긴 의미를 나름
대로 유추해 봅시다.

◇ 세례의 의미와 본질에 관해 궁금한 점을 기록해 봅시다.
나름의 답도 적어봅시다.

◇ 이 장을 읽고 세례를 받기 전, 혹은 받은 후 자신이 해야
할 일은 무엇인지 생각해 봅시다.

제 2 장

―――

왕족

그러나 여러분은 택하심을 받은 족속이요,
왕과 같은 제사장들이요, 거룩한 민족이요,
거룩하신 주님의 소유가 된 백성입니다.

- 베드로전서 2장 9절 -

|

누구입니까? 누가 처음으로 당신을 향해 형편없다고, 아무 쓸
모가 없다고, 가망이 없는 비참한 죄인이라고 말했습니까? 행동을
똑바로 하라고 당신을 흔들며 야단쳤던 당신의 부모였습니까? 아
니면 교실 구석에 가서 서 있으라고 혼내던 선생이었나요? 다시
해오라고, 이번에는 제대로 하라고 다그치는 직장 상사였습니까?
아니면 무슨 부모가 그러냐고 불만 섞인 눈으로 당신을 바라보던

당신의 자녀들이었습니까? 혹은 그들 모두였습니까? 그들 모두가 당신이 누구라고 말해주었을 것입니다. 당신은 술을 너무 많이 마시는 사람, 돈을 너무 펑펑 쓰는 사람, 성욕을 절제할 줄 모르는 사람, 아무런 성과도 내지 못하는 사람, 베풀 줄 모르는 사람, 벌레만도 못한 사람이라고, 창조주의 '형상'과는 거리가 먼, 주님께서 마뜩잖게 여기는 사람이라고 그렇게 말해주었을 테지요.

예언자는 "모두 양처럼 길을 잃고 헤맨다"(사 53:6)고 외쳤습니다. 바울은 "모든 사람이 죄를 범"해 주님의 "영광에 못 미치는 처지에 놓여" 있다고 한탄했습니다(롬 3:23). 클레르보의 베르나르Bernard of Clairvaux는 자신의 마음은 온통 더러운 새가 있는 새장과 같다고 말했습니다. 널리 알려진 아우구스티누스Augustine조차 그분의 은총을 온전히 믿으면서도 두려움 속에 눈물을 흘리며 참회 시편을 외며 세상을 떠났습니다. 우리는 모두 이런 자책 서사에 익숙합니다. 세상은 우리에게 우리가 얼마나 비참하고 형편없는 존재인지를 상기시킵니다. 옛 성공회 기도서는 세례를 행하며 세례를 앞둔 이들에게 다음과 같이 말합니다.

모든 사람이 죄를 범하고 타락하여 그분의 영광에 이르지 못합니다. 우리 주 예수 그리스도께서는 말씀하셨습니다. "물과 성령으로 새로 나지 않으면 아무도 그분의 나라에 들어갈 수 없다."

즉, 당신은 선한 사람이 아니고, 그것이 당신의 본래 모습이라는 것입니다. 당신에게는 원초적인 결함이 있으며, 근원부터 바로잡으려 고투해야 한다는 것입니다. 하지만 저는 또 다른 노래를 알고 있습니다. 이 노래는 저 애절한 비난, 슬픈 정죄, 자기 비하 이야기보다 더 오래되었습니다. 교회에서 처음 세례를 행했을 때 불렀던 이 노래는, 우리에게 익숙한 이야기, 인간의 무가치함에 관한 노래와는 거리가 멉니다.

그러나 여러분은 택하심을 받은 족속이요, 왕과 같은 제사장들이요, 거룩한 민족이요, 거룩하신 주님의 소유가 된 백성입니다. 그래서 여러분을 어둠에서 불러내어 자기의 놀라운 빛 가운데로 인도하신 분의 업적을 여러분이 선포하는 것입니다. 여러분이 전에는 주님의 백성이 아니었으나, 지금은 주님의 백성이요, 전에는 자비를 입지 못한 사람이었으나, 지금은 자비를 입은 사람입니다. (벧전 2:9~10)

언젠가 제시 잭슨Jesse Jackson 목사가 이와 유사한 노래를 부르는 모습을 본 적이 있습니다. 시카고 도심에 있는 어느 교회에서 예배를 시작하며 그는 회중과 함께 일제히 외쳤습니다.

아무것도 아니었던 제가, 그분으로 인해 이제는 소중한 사람이 되었습니다.

경제적 억압과 인종차별이 횡행하던 도시 한복판에서, 그곳에서 교회는 용감하게 외치고 있었습니다. 온 세상이 "너는 아무것도 아니야. 있으나 마나 한 존재야"라고 말할 때 교회는 세상과 다른 이야기를 전합니다.

당신은 소중한 사람입니다. 당신은 주님의 축복받은 자녀입니다.

당신은 누구의 이야기를 듣습니까?

II

물은 세례 성사(성례전)의 핵심이 담긴 상징입니다. 초대교회는 그 의미를 강조하려 이에 더해 물 외에 또 다른 상징(기름)을 사용했습니다. 앞서 1세기 세례를 묘사하는 부분에서 이미 세례식에 기름이 사용되고 있음을 눈치채셨을지 모르겠습니다. 초기 세례 예식에서 기름을 사용하는 목적은 (고대인들이 기름을 쓰는 이유가 그랬듯) 두 가지였습니다. 더러운 것을 씻고, 중요한 자리에 누군가를 임명하는 것이었지요.

고대 사람들은 오늘날 우리가 비누나 향수를 사용하듯 기름을 사용했습니다. 그들은 목욕하기 전에, 그리고 목욕을 마치고 나서 몸에 기름을 발랐습니다. 초기 세례 예식 때는 축귀를 할 때도 기름을 사용했는데 이 또한 당시 기름의 기능과 관련이 있습니다. 교회라는 공동체에 가입하기 위해서는 더러운 영을 깨끗하게 씻어내야 한다고 당시 그리스도인들은 생각했습니다.

또한 기름은 성별, 혹은 지명을 상징했습니다. 구약에서는 제사장, 예언자, 왕에게 기름을 부어 그들을 구별했습니다. 그들이 하는 일이 바로 주님과 주님의 백성을 섬기는 일이었기 때문입니다. 당시 이스라엘 백성은 '기름 부음 받은 자'는 주님께서 당신의 일을 위임한 사람이며 기름 부음 받을 때 그에게 백성을 섬기는 일을 할 특별한 자질 혹은 선물이 주어진다고 생각했습니다.

사무엘이 기름이 담긴 뿔병을 들고, 그의 형들이 둘러선 가운데서 다윗에게 기름을 부었다. 그러자 주님의 영이 그날부터 계속 다윗을 감동시켰다. (삼상 16:13)

주님께서 나에게 기름을 부으시니, 주님의 영이 나에게 임하셨다. 주님께서 나를 보내셔서, 가난한 사람들에게 기쁜 소식을 전하고, 상한 마음을 싸매어 주고, 포로에게 자유를 선포하고, 갇힌 사람에게 석방을 선언하고, 주님의 은혜의 해 … 보복의 날을 선언하고, 모든 슬퍼하는 사람들을 위로하게 하셨다. (사 61:1~2)

또한 기름 부음 받은 이는 주님의 특별한 보호와 보살핌을 받았습니다. 시편 기자는 노래했습니다.

주님께서는, 내 원수들이 보는 앞에서 내게 잔칫상을 차려 주시고, 내 머리에 기름 부으시어 나를 귀한 손님으로 맞아 주시니, 내 잔이 넘칩니다. (시 23:5)

이 모든 상징이 그리스도인들에게는 매우 소중합니다. 신약성경이 예수를 "기름 부음 받은 자", "메시아"라고 부르기 때문입니다. 메시아는 히브리어로 "기름 부음 받은 자"(그리스어로는 크리스토스(그리스도)Χριστος)를 뜻합니다. 예수는 거룩하신 아버지께서 "성령과 권능으로 … 기름 부으신"(행 10:38) 이입니다. 누가복음에서 예수는 나사렛 사람들을 향해 자신이 이사야 61장 1절에서 2절에 나오는 바로 그 사람이라고, 거룩하신 아버지께서 "내게 기름" 부으셔서 "가난한 사람들에게 기쁜 소식을 전하게" 하셨다고 말합니다. 예수는 메시아, 즉 그리스도입니다. 그는 기름 부은 받은 자이며, 제사장이며 예언자이며 왕입니다. 예수가 세례를 받는 동안 성령이 그에게 임하고 하늘에서 소리가 울려 퍼집니다.

> 너는 내가 사랑하는 아들, 내 마음에 드는 아들이다. (눅 3:22)

그렇다면 예수가 그리스도라는 것이, 그가 메시아이고 기름 부음 받은 자라는 것이 우리와 무슨 관련이 있습니까? 이와 관련해 바울은 놀라운 주장을 합니다.

> 우리를 여러분과 함께 그리스도 안에 튼튼히 서게 하시고, 또 우리에게 사명을 맡기신(문자상으로는 기름 부으신) 분은, 거룩하신 아버지이십니다. 그분께서는 또한 우리를 자기의 것이라는 표로 인을 치시고(여기서 인을 친다는 것은 인장을 찍는다는 의미로 초대교회에서는 세례를 가리키는 말이었습니다), 그 보증으로 우리 마음에 성령을 주셨습니다. (고후 1:21~22)

다시 말해 그리스도의 이름으로 세례를 받은 이는 누구나 그리스도처럼 기름 부음을 받고 그분의 인장이 찍혀 제사장이자 예언자, 왕이라는 그리스도의 세 가지 활동을 하게 된다는 것입니다. 베드로가 쓴 첫째 편지 2장에 나오는 세례 찬가가 노래하는 것도 이와 같습니다.

> 여러분은 택하심을 받은 족속이요, 왕과 같은 제사장들이요, 거룩한 민족이요, 주님의 소유가 된 백성입니다. 그래서 여러분을 어둠에서 불러내어 자기의 놀라운 빛 가운데로 인도하신 분의 업적을, 여러분이 선포하는 것입니다. 여러분이 전에는 주님의 백성이 아니었으나, 지금은 주님의 백성이요, 전에는 자비를 입지 못한 사람이었으나, 지금은 자비를 입은 사람입니다. (벧전 2:9~10)

세례받은 이들을 향해 "택하심을 받은 족속, 왕과 같은 제사장, … 거룩한 민족"이라고 선언할 때 이는 수 세기 전 주님께서 이스라엘 백성을 향해 주신 말씀을 다시 울려 퍼지게 하는 것입니다. 먼 옛날 주님께서는 "많은 백성 가운데"(신 10:15) 이스라엘 백성을 택하셔서 노예 상태에서 벗어나게 해주셨고 이로써 그들은 "제사장 나라, … 거룩한 민족"(출 19:6)이 되었습니다. 즉 그들은 선택받고, 지명받아 인장이 찍히고 기름 부음 받아 거룩한 나라 제사장, 예언자, 왕이 되었습니다.

이제, 세례를 통해 이방인들까지 이스라엘이 누리던 지위를 함께 누리게 되었습니다. 그들도 거룩하신 주님의 제사장, 예언자,

왕으로서의 활동에 참여하기 위해 구별된 것입니다. 그리스도, 참된 왕인 그분이 그들을 구원하셨듯, 이제 그리스도와 함께 왕족이 된 이들도 다른 이들을 구원하는 일, 그들을 "어둠에서 불러내어 자기의 놀라운 빛 가운데로 인도하신 분의 업적을 … 선포"하게 합니다.

1장에서 묘사했던 세례 예식, 즉 목욕을 하고 옷을 갈아 입고 기름을 붓고 손을 얹고 먹고 마시는 일에 이르기까지 모든 과정은 구약에서 제사장을 임명하는 예식에 상응합니다. 세례란 그리스도교 공동체에 가입하는 예식이자 특별하게 구별된 존재로서 인정받고 임명되는 임명식이었습니다. 달리 말해 세례는 각 그리스도인을 그리스도를 모시는 사제로 서품하는, 이 세상에서 이루어지는 그리스도의 활동을 도맡아 하게 됨을 기념하는 예식이었습니다.

그 활동이란 무엇일까요? 초대교회는 새롭게 세례를 받는 이들과 함께 초를 켜며 말했습니다.

당신은 세상의 빛입니다. 그 빛을 발하십시오.

그리스도인의 활동이란 기본적으로 복음을 전하는 일이었습니다. 세례를 받음으로써 그리스도인은 "어둠에서 불러내어 자기의 놀라운 빛 가운데로 인도하신 분의 업적을 … 선포" 하도록 기름 부음 받고, 또 구별됩니다. 어찌 된 일인지 대부분의 개신교 교회에서는 세례 예식 중에 기름 붓는 행위를 하지 않게 되었습니다. 하지만 동방정교회, 로마 가톨릭, 성공회, 루터 교회 일부에서는 여전히 세례 예식 중에 달콤한 향이 나는 기름(이를 '성유'chrism라고 부릅니다)으로 도유식을 합니다. 개신교가 '만인 사제직'priesthood of all believers이라는 교리를 중시하면서도, 세례에서 기름 붓는 순서를 하지 않는 것은 이상한 일입니다. 세례받는 이의 머리에 기름을 부으며 "이제 당신은 주님의 사제이며 예언자이자 왕입니다"라고 말하는 것보다 더 분명하게 세례받는 이에게 서품을 줄 방법, 그리스도의 활동을 도맡은 자로 임명할 방법도 없을 텐데 말입니다.

III

당신은 누구입니까? 당신은 어떤 사람입니까? 누가 그 말을 해 주었습니까? 부모, 자녀, 국가, 직업, 친구, 출신 학교, 당신 계좌에 있는 돈입니까? 당신이 이것들에게 당신이 누구인지를 묻는다면 이들은 아마 기꺼이 답을 줄 것입니다. 하지만 이는 위험한 길입니다.

그리스도인은 자신이 누구인지를 세례를 통해 처음으로, 또 최종적으로 배우는 사람들입니다. 세례는 우리가 누구인지를 정의하는 의례입니다. 세례는 논쟁하기보다 단언하며, 설명하기보다는 선언하고, 요청하기보다는 명령합니다. 세례는 추상적인 의미화 과정이 아니라 행동입니다. "거룩하신 주님이 보시기에, 나는 누구입니까?" 하고 그분께 절실히 물을 때 세례는 우리 머리 위에 떨어지는 물로, 머리와 목을 타고 흘러내리는 진득한 기름으로 다가와 이야기합니다.

주님의 이름 안에서, 당신은 왕족이며 그분의 소유입니다. 당신은 진지하고도 기쁨 넘치는 그분의 활동에 동참하기 위해 부름받았고 서품(안수)받았습니다. 그러니, 이제 그렇게 살아가십시오.

세례를 대함에 있어 오늘날 우리가 가진 문제 중 일부는 세례라는 행동을 잘못 자리매김한다는 데 있습니다. 대다수 현대인이 그러하듯 우리 그리스도인들도 '나'를 너무 강조합니다. '내' 안에서 솟아나는 의심, '나'의 분투, '내'가 저지르는 악행, '내'가 가진 질문, '내'가 가진 포부를 너무 강조합니다. 우리를 창조하신 창조주, 주님에 대해서는 별 관심이 없습니다. 주일 예배 때조차 우리는 쉬지 않고 우리 인간의 죄, 우리의 문제, 우리의 질문, 우리의 느낌에 관해 쉼 없이 이야기합니다. 지치지도 않고 우리의 약점, 우리의 거짓을 되풀이해 말하고 그 증거들을 모아 일련의 목록을 만듭니다. 사람들을 향해 거기서 나와 이제부터라도 바르게 살고, 바르게 생각하고, 바르게 느껴야 한다고 다그칩니다. 우리는 그리스도교 신앙을 일종의 성취로, 목표로, 신실함을 달성하는 일로 말합니다. 우리를 창조하신 분, 우리를 구원하신 분과 잘 지내보려 애쓰는 죄인의 분투를 신앙으로 여깁니다. 자기 계발이 중요한 세상, 성취를 지향하는 사회 속에서 살아가는 우리에게 이는 꽤 합당한 이야기처럼 들립니다. 하지만 그런 이야기를 '기쁜 소식'이라고 할 수 있을까요?

복음, '기쁜 소식'은 우리가 그분과 잘 지내려 애쓸 필요가 없다는 소식입니다. 복음은 우리가 주님과 이미 화목하게 되었다고 이야기합니다. 어딘가에 다다르려 애써야 하는 것이 아닙니다. 우리는 이미 그곳에 있습니다. 우리는 그분의 선한 은총에 가까워지려 애써야 하는 비참하고 가련한 이들이 아니라, 그분의 은총으로 이미 왕좌에 오른 왕족입니다. 우리가 원래 선하기에 그 모든 선물을 받은 것이 아닙니다. 심지어 (많은 설교자가 이런 식으로 이야기합니다만) 본래 우리가 악하지만 이를 인정하고 바르게 산 결과 선해졌기 때문도, 그렇게 되려 애쓰기 때문도 아닙니다. 우리가 우리 자신이 된 것은 주님의 은총 때문입니다. 우리를 창조하시고, 지탱하시며, 구원하시는 그분의 은총 말이지요.

우리는 '원래 선한 사람들'이 아닙니다. 이 사실은 누구보다 우리 자신이 더 잘 알고 있습니다. 우리가 원래는 선한 사람임을 증명하려 애타게 몸부림칠 때 도리어 우리는 최악의 상태에 놓이게 됩니다. 그 모든 노력은 자기 속임, 자기기만, 자기 자랑으로 끝나게 되고 맙니다. 자신이 노력을 기울여 의를 이룰 수 있다는 생각을 근간으로 하며, 거룩하신 분과 '잘 지내려 애쓰는' 모든 종교는 결국 그러한 노력으로 수렴합니다. 그분의 사랑으로 의롭게 되는 것에 의지하지 않는 모든 종교의 결론이 그렇습니다. 주님은 우리를 사랑하시고, 우리를 택하시고, 양자 삼으시고, 기름 부으셨습니다. 우리는 그분의 것입니다. 우리는 그러한 존재입니다.

우리는 이 복음, 기쁜 소식을 각종 의무로 덮어 버립니다. '타인을 사랑해야만 한다', '더 잘 살아야 한다', '나이에 걸맞게 성숙해져야 하고 그렇게 행동해야 한다', '주님께 당신을 바쳐야만 한다'. 그러나 세례는 당신이 '무엇이 되어야 하는지', '무엇을 해야만 하는지' 거의 아무것도 말해주지 않습니다. 다만 세례는 '당신이 누구인지'를 이야기할 뿐입니다. 세례는 여기에 관심을 집중합니다. 세례는 당신이 새로운 백성의 구성원이라고, 거룩한 나라의 시민이라고, 왕족이라고 선언하며 그 정체성을 받아들이라고, 그 정체성에 익숙해지라고 말합니다. '무엇을 해야 한다'는 의무는 '당신은 누구다'라는 선언 후에 따라옵니다.

그리스도인이 되는 것을 의무를 다함으로써 이루어진다고 여기는 것과, 어떤 존재가 되는 것으로 여기는 것에는 커다란 차이가 있습니다. 아버지가 아들에게 무언가를 해야 한다고 끊임없이 다그친다면 그는 아들이 지금 모습 그대로는 가치가 없다고 암시하는 것과 다름이 없습니다. 좋은 아버지라면 그렇게 말하기보다는 "아들아. 나는 너를 사랑한다. 너를 믿는다. 네 미래를 기대한다"라고 말하겠지요. 그러면 아이는 무언가 이루지 못할까 두려워하기보다는 자기답게 살려는 갈망을 따라 행동하게 될 것입니다. 이처럼 세례는 우리가 무엇을 해야, 무엇을 믿어야 거룩하신 아버지의 자녀가 될 수 있다고 말하지 않습니다. 오히려 세례는 우리를 향해 "의심의 여지 없이 당신은 거룩하신 아버지의 자녀입니다"라고 말합니다.

신약성경은 세례를 앞둔 이들에게 세례의 의미를 해설해 줄 때마다 미래 시제를 사용합니다. 그들이 갖게 될 새로운 정체성을 약속하는 것이지요. '무엇을 해야 구원을 받을 수 있냐'고 묻는 군중에게 베드로는 이렇게 답합니다.

회개하십시오. 그리고 세례를 받으십시오. 그러면 성령을 받을 것입니다. 주님께서는 여러분과 여러분의 자녀에게 이를 약속하셨습니다. (행 2:37~39)

그러나 이미 세례를 받은 이들에게 세례의 의미를 해설해 줄 때는 과거 시제를 사용합니다. 이들의 경우 세례는 이미 일어난 사건이기 때문입니다. 변화는 이미 일어났고 또 진행 중입니다. 거룩하신 아버지께서 당신에게 하신 일로 인해, 당신은 특별한 존재가 되었고 새로운 피조물이 되었습니다(벧전 2:9~10).

우리는 모두 세례가 가르쳐 주는 바를 따라 우리가 무엇을 해야 하고 무엇이 되어야 하는지는 덜 말하고, 우리가 누구인지를 더 선포해야 합니다. 우리의 고질적인 문제는 견진 성사[*]를 대할 때도 드러납니다. 역사를 돌이켜 보면, 견진 성사는 본래 세례의 일부였습니다. 오늘날 많은 교회에서는 견진을 성년이 된 이들이 "공적으로 신앙을 확증하는, 예수를 자신의 구원자로 받아들이는" 예식, (좀 더 안 좋게는 그리스도교 신앙을 받아들이는 세례와 견주었을 때) "교회에 가입"하는 예식이라고 설명하곤 합니다.

견진에 관한 이러한 설명은 미심쩍은 데가 있습니다. 견진받는 이가 무엇을 하는지에 견진 성사의 방점이 찍히기 때문입니다. 이

---

[*] '견진 성사'Sacrament of Confirmation, 혹은 견진 예식은 세례와 더불어 그리스도교 입문 성사 가운데 하나이며 보통 세례를 받은 이가 일정 기간 교회 생활을 하고 교리 교육을 받은 뒤 받는다. 통상 견진 성사의 집전자는 주교이며 예식을 하며 주교는 견진 받는 이에게 축성 성유를 바른다. '견진'을 성사로 보지 않는 상당수 개신교 교회에서는 이에 준하는 예식으로 '입교 예식'을 치른다.

에 따르면 견진은 우리가 결단하고 뜻을 품고 그 결단, 혹은 뜻을 분명하게 표명하는 일이 됩니다. 그러나 역사 속에서 과거 신앙의 선배들이 견진을 이해하는 관점은 오늘 우리와 사뭇 달랐습니다. 그를 '그리스도인'이라고 확정하는 것은 '교회'이며, 우리의 신앙을 확증하는 분은 '주님'이십니다. 견진을 거행하며 교회는 이와 같은 메시지를 선포했습니다.

혹 세례를 받을 때 이 메시지를 새기지 못했다면 다시 한번 전하겠습니다. 당신은 우리와 한 몸입니다. 당신은 왕족이며, 구별된 사람입니다. 당신은 그러한 존재입니다.

현대를 살아가다 보면 엉뚱한 데 발을 딛고서 신앙, 우리의 정체성, 구원을 선물이 아니라 우리가 성취하고 이루어야 하는 것이라 보는 일이 얼마나 흔한지 모릅니다. 하지만 세례는 다른 이야기를 전합니다.

교회는 누군가 세례를 받아야 거룩하신 아버지의 자녀가 된다고 이야기하지 않습니다. 다만 교회는 세례를 받기 전에는 그, 혹은 그녀가 자신이 그분의 자녀임을 알기 어렵다고 이야기합니다. 대관식이 엘리자베스를 여왕으로 '만드는' 것이 아닙니다. 이미 왕족인 사람만이 대관식을 통해 왕이 되는 것입니다. 국가는 대관식을 통해 이를 공식적으로 선언합니다.

이 여인은 왕족이니 이에 왕관을 씌우노라.

마찬가지로 세례를 통해 교회는 선언합니다.

이 사람은 왕족이니 이에 세례를 주노라.

"나쁜 일이 생기는 것을 막기 위해" 아이에게 세례를 주고자 하는 부모가 있다면 이는 안타까운 일입니다. 아이가 어떠한 존재인지도, 세례가 무엇인지도 오해했기 때문에 그러는 것일 테니 말입니다. 세례는 아이가 지옥에 가는 것을 막기 위해 하는 의례가 아닙니다. 세례는 우리가 알아야 하는 기쁜 소식을 전하기 위해, 우리가 거룩하신 주님에게 속해 있음을 알게 하기 위해 하는 것입니다. 이보다 더 위대한 일, 다른 무엇보다 중요한 일, 기쁨 넘치는 일이 있을까요? 세례를 거행하고, 세례의 의미를 알려주는 일만큼 교회에서 중요한 일이 있을까요?

제가 쓴『모든 것을 가진 이를 위한 복음』The Gospel for the person who has everything이라는 책에서 언급했던 이야기입니다. 제게는 클레이턴이라는 네 살배기 친구가 있었습니다. 아이의 부모는 그에게 다섯 살 생일파티를 어떻게 하고 싶냐고 물었습니다. 클레이턴은 답했습니다. "파티에 오는 모든 사람이 왕과 왕비가 되면 좋겠어요." 그래서 클레이턴과 클레이턴의 어머니는 수십여 개의 은색 왕관(두껍고 빳빳한 종이에 은박을 입혔습니다), 보라색 망토(쪼글쪼글한 종이로 만들었습니다), 왕족이 들고 다니는 막대기(금칠을 했습니다)를 만들었습니다. 이윽고 파티 날이 되었습니다. 클레이턴과 부모는 도착한 손님들에게 왕관과 망토, 막대기를 나누어 주어 왕과 왕비 복장을 갖추게 했고 멋진 풍경이 펼쳐졌습니다. 참석자 모두가 왕과 왕비인 생일파티라니요. 모두 함께 멋진 시간을 보냈고 다 같이 아이스크림과 케이크를 먹었습니다. 생일파티를 마칠 때는 열을 지어 행진을 했습니다. 정말이지 기분 좋은 날이었습니다. 그날 저녁 클레이턴의 어머니는 이불을 덮어주며 클레이턴에게 물었습니다. "생일 케이크 촛불을 끄면서 무슨 소원을 빌었니?" 클레이턴은 답했습니다. "이 세상 모든 사람이 왕과 왕비가 되게 해달라고 빌었어요. 제 생일 말고 다른 모든 날에도요."

클레이턴의 생일파티, 그리고 세례는 한때 갈보리라 불렸던 곳에서 일어난 일과 꽤 비슷한 풍경을 보여줍니다. 아무것도 아니었던 우리가 소중한 사람이 되었습니다. 어디에도 속하지 않았던 우리가 주님의 백성이 되었습니다. 이 땅을 비참하게 살아가던 이들이 왕족이 되었습니다.

정리해 보기

◇ 고대 시대에 _____은 성별 혹은 지명을 상징했습니다. 구약에서는 _____, _____, _____에게

_____을 부어 그들을 구별했습니다. (32쪽)

◇ 신약성경에서 예수는 _____라고 불립니다. 이 말은 히
브리어로는 _____이며 그리스어로는 '그리스도'입
니다. (34쪽)

◇ 초대교회에서는 새롭게 세례받는 이들과 함께 초를 켜며
_____라고 말했습니다. (36쪽)

◇ 세례받는 사람을 그리스도인으로 확정하는 것은 _____
이며 우리의 신앙을 확증하는 분은 _____입니다. (42쪽)

생각해 보기

◇ 앞서 '당신은 누구입니까?'라는 질문에 적었던 답과 이 장
에서 논의한 내용을 대조하고 비교해 봅시다. 앞에서 적
은 답과 비슷합니까? 다릅니까? 어떤 부분이 얼마나 비슷
하고 또 차이가 있습니까?

◇ 다른 사람이 스스로 '왕족'임을 경험하게 해주려면 어떻게
해야 할까요? 사랑하는 사람 중 한 사람을 떠올리며 할 수
있는 일이 무엇일지 생각해 봅시다.

◇ 교회가 교회를 찾아오는 이를 '왕족'으로 경험하게 해주려
면 어떻게 해야 할까요?

제3장

선택받은 이

너희가 나를 택한 것이 아니라,
내가 너희를 택하여 세운 것이다.
그것은 너희가 가서 열매를 맺어,
그 열매가 언제나 남아 있게 하려는 것이다.
그리하여 너희가 내 이름으로 아버지께 구하는 것은
무엇이든지 다 받게 하려는 것이다.

- 요한 복음 15장 16절 -

제 친구에게는 나이 차이가 큰 어린 동생이 하나 있습니다. 그 어린 동생이 무언가 잘못을 하다 부모에게 발각되었습니다. 아버지가 잘못을 지적하며 벌을 주겠다고 겁을 주었더니 다섯 살이 채

안 된 친구가 한껏 몸을 추켜세우고는 당당하게 말했습니다. "저를 함부로 건드릴 수는 없을걸요. 이래 봬도 전 세례 받은 몸이라고요!" 그리스도인 삶의 핵심이 무엇이고, 신앙과 세례가 무엇인지 잘 알았던 아이였던 것이지요. 아마 세례에 관해 이런 식의 설명을 들어보지 못한 분이 많을 겁니다. 이는 분명 현대 상당수 그리스도인에게 낯선 설명입니다. 우리는 세례에 관해 주로 어떻게 이야기하고 있을까요?

어느 신학대학원 수업에서 학생들에게 세례 설교를 시켜 본 적이 있습니다. 성직자가 세례를 준비하는 좋은 방법, 세례를 준비하는 이들이 자신들이 받을 세례를 더 잘 이해하도록 돕는 좋은 방법은 설교라고 생각했기 때문이었습니다. 그런데 신학생들이 한 설교들에는 공통점이 있었습니다. 대부분이 이런 식으로 설교를 했습니다.

세례는 예수께서 명령하신 예식입니다만, 그 뜻도 모른 채 예식만 행해서는 아무런 의미가 없습니다.

분명 세례는 중요하지만, 자녀에게 세례만 받게 하고 교회 학교에 데려다주지 않으면 그 세례는 아무런 효력이 없습니다.

우리가 온 마음을 다해 세례를 받지 않으면 그 세례는 무의미합니다.

세례가 무슨 뜻인지도 모르는 아이들에게 세례는 사실상 무의미합니다. 유아세례는 부모가 자녀에 대한 헌신을 약속하는 데 의의가 있습니다.

이런 설교들이 이어졌고, 저는 거의 자포자기한 마음으로 일어나 학생들에게 물었습니다.

그렇게도 무의미하고 아무런 효력도 없는 세례를, 대체 왜 예수께서는 무던히 명하신 겁니까? 왜 아무도 그 이야기는 하지 않는 겁니까?

우리는 세례가 무엇이 아닌지, 세례가 무엇을 하지 못하는지를 아는 데 지나치게 많은 시간을 소비합니다. 하지만 이 책에서는 세례가 무엇이며, 세례가 우리에게 얼마나 놀라운 일을 하는지를 가능한 한 크고 분명하게 이야기해 보려 합니다.

II

세례란 본질적으로 주님께서 하시는 일입니다. 교회는 언제나 이를 말해 왔습니다. 세례에 관한 숱한 오해들은 이 사실을 오인한 데서 비롯됩니다. 우리는 오랜 시간 세례에 대한 '계몽주의적' 견해에 붙들려 있었습니다. 제임스 화이트James White에 따르면 우리는 계몽주의적 관점으로 세례를 바라보는 경향이 있습니다. 18세기 유럽 계몽주의는 삶에서 신비의 영역을 제거하려 애썼습니다. 모든 종교를 이성적이고 합리적인 것으로, 이해할 만한 것으로 만들려 했지요. 그 영향 아래 현대인들은 일상은 물론이고 교회에서 벌어지는 일에서조차 주님보다는 우리 인간에 방점을 찍습니다. 우리는 질문합니다.

이 세례(혹은 이 성찬)는 '나'에게 어떠한 의미가 있는가?
세례를 받을 때(혹은 성찬에 참여할 때) '나'는 무엇을 하는가?

이와 같은 질문이 '이 성사가 주님께 어떠한 의미가 있는가?', '이 성사를 통해 그분은 무엇을 하시는가?'보다 앞서게 되었습니다. 현대는 이러한 계몽주의의 유산을 이어받았습니다. 현대 철학, 심리학, 과학이 발달하는 데는 이러한 계몽주의적 사고방식이 필수적이었지만, 종교에 이를 적용하자 그 결과는 파괴적이었습니다. 계몽주의적 사고는 신앙의 초점도 '주님'에서 '우리'로, '그분이 하시는 일'에서 '우리가 하는 일'로 옮겨 놓았습니다. 더구나 이러한 사고방식에 물들게 되고 오랜 시간이 흘렀기에 우리는 이를 자각하지도 못합니다. 세례가 무엇이냐는 질문이 제기되었을 때 계몽주의식 답변은 이런 식입니다.

세례는 주님께서 우리를 사랑하신다는 것을 상기하도록 도와줍니다. 세례의 주된 가치는 거기에 있습니다.

세례는 우리가 특정 진리를 이해하도록 돕습니다. 또 교회에 세례받은 이들을 책임 있게 돌볼 의무를 기억하게 해 줍니다.

세례는 부모가 자녀를 신앙으로 양육할 의무를 기억하게 해 줍니다. 아이를 교회 학교, 신자 교육에 데려다주어야 하는 의무를 상기시킵니다. 즉, 세례는 본질적으로 기억 훈련이며, 우리가 신앙을 말하고 기억하고 생각하도록 돕는 데 주된 가치가 있습니다.

경건주의자들은 이에 반기를 들면서도 사실상 계몽주의와 동일한 오류를 범합니다. 계몽주의가 이성만을 강조하듯 경건주의는 감정을 지나치게 강조합니다. 그들에게 세례란 '바깥으로 드러나는, 눈에 보이는 징표'입니다. 그렇기에 설령 세례를 받았다 하더라도 내면에서 그리스도인이 되었다는 것을 진정으로 '느끼지' 못했다면 세례는 아무런 의미도 없다고 경건주의자들은 이야기합니다. 여기서 세례의 작동 여부를 결정하는 것은 '우리의 느낌'입니다. 이에 따르면 우리가 느끼지 못한다면 세례는 의미가 없습니다. 누군가가 우리의 이해나 느낌을 떠나 세례가 하는 일은 없는 것이냐고 묻는다면, 계몽주의와 경건주의를 이어받은 이들은 같은 답을 할 것입니다. "세례가 그 자체로 무슨 일을 하지는 않습니다."

계몽주의와 경건주의는 모두 세례 행위와 의미를 순전히 인간 편에서만 다룬다는 문제가 있습니다. 세례를 인간이 중심에 선 예식으로, 우리 조건에 달린, 우리로부터 비롯되는 활동으로 만들어 버리는 것이지요. 어떤 이들은 자신이 처음 세례를 받았을 때 그 진정한 의미를 모르고 받았다는 이유로 세례를 다시 받고 싶다고 말하기도 합니다. 이들은 은연중에 세례를 '내'가 생각하고 느끼는 활동이라 보고 있는 것입니다. 내 생각, 내 태도, 내 믿음, 내 행동, 즉 '나'를 세례, 그리고 예배의 주된 요소로 보는 것이지요. 하지만 그럴수록 주님은 세례와 무관해집니다.

세례를 이런 식으로 보는 견해는 이단적인 생각일 뿐 아니라 일종의 도둑질입니다. 주님께서 당신의 은총을 백성에게 베푸시는 주된 수단을 그분에게서 앗아가는 일이기 때문입니다. 교회는 주님이 늘 성사를 통해 일하시며 우리는 그 일을 '받는 이'라고 이야기해 왔습니다. 그렇기에 성사의 중심에 '우리'를 두는 견해는 이단적입니다. 주님의 구원 활동은 '내'가 무엇을 느끼는지, 무엇을 이해하는지, 어떻게 행동하는지에 달려 있지도, 제한을 받지도 않습니다. 세례를 포함한 성사의 능력은 '내' 상태에 의존하지 않습니다. 내가 그분을 어떻게 생각하는지, 내게 그분을 사랑할 능력이 얼마나 있는지, 내가 나를, 그리고 그분을 어떻게 느끼는지, 거룩하게 사는 기술이 내게 있는지와 무관하게 그분은 우리를 무한히 사랑하시며, 우리를 홀로 내버려 두지 않으십니다. 주님은 끊임없이, 자비롭게도 아무 조건 없이 당신을 우리에게 내어주십니다. 그분은 우리가 당신을 만질 수 있고, 맛볼 수 있고, 느낄 수 있고, 볼 수 있게 우리와 함께하시며, 행동하십니다. 이와 관련해 시편 기자는 말합니다.

주님이 선하심을 맛보아 알지어다. (시 34:8)

그분은 우리가 이 지구에 있는 물, 미네랄, 흙 같은 물질로 만들어진 존재임을 아십니다. 그렇기에 그분은 이 땅에 있는 수단들을 통해 우리를 다루십니다. 언젠가 장 칼뱅John Calvin은 말했습니다.

주님께서는 스스로를 낮추셔서 이 땅에 속한 요소들을 통해서도 우리를 자기 자신에게로 이끄시며 거룩한 복의 그림자를 육체 속에서 드러내십니다. … 그분께서는 눈에 보이는 것들을 통해서 거룩한 것들을 전해주십니다. (그리스도교 강요 4권 14장 3절 中)

이는 세례를 포함해 모든 성사에 담겨 있는 진리입니다. 그분은 우리 일상을 구성하는 모든 것을 사용하셔서 우리에게 자신을 내어 주십니다.

초대교회와 견주어 보았을 때 오늘날 세례 예식에서 쓰는 물의 양은 지나치게 적습니다. 온몸을 물에 담그던 예식은 물 몇 방울 뿌리는 예식으로 축소되었습니다. 많은 이가 세례를 사소하고 진부한 예식으로 여기게 된 것도 어쩌면 당연한 일입니다. 이제 다시 은총 가득한 물이 넘쳐, 주님의 은총을 다시 우리 눈에 보이게, 또 느끼게 할 때입니다. 그저 사유에서 그치지 않게, 온몸으로 그 의미를 받아들이도록 할 때입니다.

세례가 우리 구원의 징표이자 이를 확증하는 인장을 찍는 행위, 교회로 향하는 문을 열어젖히는 행동이며 주님의 나라를 향한 여정을 걷기 시작하는 행동이라면 세례는 주님께서 펼치시는 첫 번째 활동이자 가장 중요한 활동이라고 말할 수 있을 것입니다. 구원은 그분이 이루시는 일이며, 교회도 그분이 이루십니다. 교회는 우리가 노래하듯 주님께서 "물과 말씀으로 지은 그분의 새로운 피조물"입니다. 주님의 나라 역시 우리가 사회적인 활동을 해서 성취하는 나라가 아니라 주님께서 만드시고 당신의 때에, 그분께서 일으키시고 세우시는 나라입니다. 이 일들에서 가장 먼저, 그리고 가장 핵심적인 행동을 하는 이는 언제나 주님이십니다. 우리는 그분이 베푸는 사랑, 구원, 회복에 응답하는 이들이며 새로 시작하게 하고, 거듭나게 하는 그분 활동의 수혜자들입니다.

신구약 성경 모두 구원은 주님께서 이루시는 활동이지 우리가 이루는 것이 아니라고 진술합니다. 애초에 이스라엘은 '백성'이 아니었습니다. 힘이 센 나라도, 선량한 민족도 아닌 방랑하는 사막 유목인들일 뿐이었습니다. 하지만 주님께서 이들에게 위대한 이름을 주기로 결심하셨습니다. 이들을 당신의 거룩한 백성으로 삼기로 결단하셨습니다. 그분은 이들을 모든 나라를 축복할 민족으로 선택하셨습니다. 왜 그러셨을까요? 성경은 그 물음에 답하지 않습니다. 그저 한 불가해한 신비가, 거룩한 사랑이 있었다고 말할 뿐입니다. 이스라엘 민족은 사랑받을 만한 일을 하지 않았습니다. 오히려 그 사랑을 배신하고 희롱했습니다. 이스라엘은 끊임없이 부정不貞을 일삼고 제멋대로 굴었지만, 주님은 여전히 그들을 사랑하셨고 이방 땅에 포로로 잡혀간 그들을 빛으로 구해내기를 반복하셨습니다. 선택받은 백성으로서 이스라엘의 흥망성쇠를 다루는 구약성경의 참된 주인공, 이 드라마의 주연, 영웅은 주님이십니다. 이스라엘이 당신의 사랑을 거절하고 배신을 택할 때조차 주님은 이스라엘을 향한 사랑을 그치지 않으신다는 것, 이 소식이 바로 성경이 전하는 기쁜 소식, 즉 복음입니다.

신약성경은 복음이라는 드라마, 주님께서 역사 속에서 인류를 사랑하시는 활동이 담긴 드라마를 잇고 확장하며 보편화합니다. 요한 복음은 모든 복음서가 말하려 하는 바를 명쾌히 진술합니다.

너희가 나를 택한 것이 아니라, 내가 너희를 택했다. (요 15:16)

예수는 가난한 이들, 가진 것을 탈취당한 이들, 눈먼 사람들, 아픈 이들, 무거운 짐 진 이들에게 복음을 선포하려 이 땅에 오셨습니다. 이들에게는 주님 외에는 다른 소망이 없었기에 주님께서 이들을 선택하셨습니다. 그리고 이들은 은총을 들을 뿐만 아니라 눈으로 보게 됩니다. 그렇게 예수를 통해 그들 한가운데에서 주님이 베푸시는 은총이 드러납니다. 주님은 큰 사람들보다 작은 사람들을, 부유한 이들보다 가난한 이들을, 건강한 이들보다 병든 이들을 택하셨습니다. 작고 가난하고 병든 이들이 다른 누구보다 나아서 선택받은 것이 아닙니다. 주님이 예수 그리스도 안에서, 예수 그리스도를 통해 그들의 아버지가 되기로, 그들의 주님이 되기를 선택하셨기에, 언제나 그들 편에 서기로 하신 그분의 은총 때문에, 그들은 선택받았습니다.

언젠가 교회 학교 6학년 아이들과 사도 베드로에 관한 이야기를 나눈 적이 있습니다. 저는 우선 베드로의 여러 면면을 설명해 주었습니다. 예수께서 하시는 말씀을 도무지 이해하지 못했던 베드로. 십자가에서 수난당하고 계신 예수를 버려두고 도망쳐버린 베드로, 속이 좁아 바울에게 혼이 난 베드로 이야기를 해 주었지요. 그리고는, 그럼에도 예수께서 그런 베드로의 믿음을 인정해 주셔서 그에게 '바위'라는 이름을 붙여주시고, 그 바위 위에 교회를 세우셨다는 이야기도 해주었습니다. 그리고는 아이들에게 물었습니다. "이야기를 들어보니 예수님은 어떤 분 같니?" 한 아이가 대답했습니다. "예수님은 판단력이 형편없는 분인 것 같아요."

어떤 자격을 갖추어야 은총을 받을 후보군에 들어갈 수 있을지 따져 보기 위해, 한 민족, 한 나라 혹은 한 사람이 어떤 자질을 갖추어야 고결해질지 알 수 있게 되리라는 기대로 성경을 읽다가는 이내 실망하게 될 것입니다. 성경이 전하는 바는 그런 것이 아니기 때문입니다. 성경은 베드로 같은 사람까지를 택하시고 그 위에 교회를 세울 것이라고 선포하시는 주님의 사랑, 자애롭고도 은총 가득한 그분의 사랑을 이야기할 뿐입니다.

어떤 이들은 베드로와 같은 성경 속 인물들을 미화하고 찬미하기도 합니다. 그들은 베드로가 용감하고 통찰력 있고 신앙이 좋다면서 우리도 베드로처럼 되어야 한다고 말합니다. 베드로 같은 사람이 되어야 한다니요! 아둔하고, 충동적이고, 비겁하며 편견에 사로잡힌 사람이 되라는 말입니까? 실은 우리는 이미 충분히 그런 사람들입니다. 그럼에도 주님은 우리를 택하시고 우리를 당신의 나라를 이루는 벽돌 하나로 삼으셨습니다. 다시 한번 말하지만, 이 이야기의 주인공은 주님이십니다.

세례보다 주님의 구원 활동을 가리키는 더 아름다운 활동은 없습니다. 세례보다 주님의 구원 활동을 이야기하는 더 강력한 진술은 없습니다. 세례식에서 세례를 받는 이인 '나'는 그저 '받는 이'일 뿐입니다. '나'는 스스로에게 세례를 베풀 수 없습니다. 세례는 우리가 하는 일이 아니라 주님께서 우리에게, 우리를 위해 하시는 예식입니다.

과거 신앙의 선배들이 구원이나 세례를 두고 했던 논쟁들을 보면 알게 되는 사실이 하나 있습니다. 안타깝게도 우리는 구원이나 세례와 관련해 방점을 잘못 찍곤 했습니다. 유아세례를 지지하든 반대하든 양측 모두 성사를 행하는 주체인 주님보다는 받는 이들에게 초점을 맞춘 경우가 많습니다. 유아세례를 지지하는 이들은 말합니다. "구원을 받으려면 아이도 세례를 받아야 합니다." 이렇게 보면 세례는 아이가 지옥에 가지 않게 막아주는 증서를 따는 행동, 무슨 마법 같은 예식이 되어 버립니다. 근래에는 유아세례가 유효하기는 하나 이후 견진을 받아 교회의 구성원이 될 때 진정으로 세례가 유효해진다고 말하는 이들도 있습니다. 다른 한편 유아세례를 반대하는 이들은 유아세례가 아이의 자유로운 선택권을 침해한다고 말합니다. 아이가 자라 '세례의 의미를 알 만큼 자랄 때까지' 혹은 아이가 그리스도를 '스스로 받아들일 때까지' 세례를 받게 하면 안 된다는 것이지요. 어느 경우든 초점은 세례받는 이의 권리, 자질, 선택, 느낌, 미래에 맞춰져 있지 주님이나 주님의 교회에 맞춰져 있지 않습니다.

하지만 세례는 본질적으로 주님의 활동입니다. 구원이 그분이 이루시는 일이듯 세례 또한 그분의 일임을 믿는다면 세례에 관해 논의할 때 나오는 질문도 초점도 완전히 달라질 것입니다. '세례받는 이가 세례를 받을 때 어떤 생각이 들까, 어떤 느낌이 들까, 어떤 약속을 할까, 무엇을 해야 할까'라고 묻기를 멈추고 '주님께서 우리에게 세례를 주실 때, 어떤 생각을 하실까, 어떻게 느끼실까, 어떤 약속을 주실까, 어떤 일을 하실까'라고 묻게 될 것입니다.

주님은 어떤 개인을 향해 "가서 제자 삼으라 … 세례를 주고 … 가르치라"고 명령하지 않으셨습니다. 그분은 교회를 향해 명령하셨습니다. 주님이 먼저 우리를 택하셨고 사랑하셨고 당신의 나라로 우리를 부르셨습니다. 이 부름으로 인해 우리는 세례를 받으며, 교회는 그분의 부름을 선포합니다. 세례는 우리가 누구인지를 선포하며 우리는 이를 통해 우리가 누구인지를 체험합니다. 세례로 선포된 정체성을 이루어갈 책임은 세례를 받는 이보다 세례를 베푸는 교회와 주님께 더 있습니다.

오늘날 교회는 교회가 져야 할 짐을 종종 세례받는 이에게 떠넘기는 것처럼 보입니다. 어쩌면 교회가 소유한 능력(주님의 도구가 되어 사람들을 제자 삼는 능력)을 우리가 의심하고 있기 때문은 아닐까 하는 생각도 듭니다. 우리는 종종 의심합니다. '정말 주님께서 다른 사람을 변화시키는 당신의 일에 나를 들어 쓰실까?' 그리고는 막 세례받은 이들에게 앞으로 그리스도인으로 사는 삶은 당신 하기에 달려 있다고 이야기합니다. 유아세례를 받은 아이의 신앙은 부모에게 달려 있다고 말합니다. 이는 무책임한 일일 뿐 아니라 성경에 비추어 보아도 변명의 여지 없이 잘못된 일입니다. 제자를 삼을 책임은 교회에 있습니다. 그리스도교는 '자기의 일은 스스로' 하게 하는 종교가 아니며 구원을 빨리 얻는 법을 가르쳐주는 학교가 아닙니다. 우리가 받은 구원은 언제나 선물입니다. 우리는 주님께, 주님께서 활동하시는 그분의 백성을 통해 이 선물을 받습니다.

물론 세례를 통해 주님께서 우리에게 행하시는 일을 따를 수도 있고 거절할 수도 있습니다. 우리에게 그런 자유의지가 있음을 부정하려 한 이야기가 아닙니다. 나를 위해 그분께서 하시는 첫 번째 활동은 나의 응답을 요구합니다. 선택받은 이는 그 선택을 받아들이는 선택을 해야만 합니다. 저 또한 살아가며 많은 순간, 주님이 세례를 통해 저를 받아들이셨음에 '예'로 답하기를 선택해야 했습니다. 우리에게는 '아니오'라고 말할 자유가 있습니다. 하지만 세례를 받을 때 우리에게 가장 먼저 일어나는 일, 세례가 우리에게 가장 먼저 들려주는 말은 그분의 '예', 크고도 분명한, 거룩한 '예'입니다. 물론 부름을 받았다고 모두 그 부름에 진지하게 몰두하지는 않습니다. 하지만 설사 그 부름에 '예'라 응답하며 앞으로 나아가고, 주님과의 약속을 지켰더라도, 내가 거기에 응했다 하더라도, 세례는 우리의 처음을 다시금 상기시킵니다. 세례는 애초에 우리를 자녀라 선언하시고 부르시며 깨끗하게 하시고 이름을 주시며 약속하시고, 다른 형제자매들(구원 활동을 이어가는 데 주님께서 들어 쓰시는 이들)에게 사랑받게 하신 분은 바로 우리 주님이심을 기억하게 합니다.

너무나 많은 이(교회 안에 있는 이들조차)가 구원을 스스로 이루어야 하는 일로 여기거나 구원 활동에서 우리가 차지하는 역할에 초점을 맞춥니다. 자신을 이끌어 준 이들의 역할도 어느 정도 인정은 하지만, 그리스도교 신앙은 기본적으로 자기 스스로 이루어 나가야 하는, 내가 사고하고, 내가 느껴야 하는 것이라고, 나 자신을 긍정하는 일이라고 스스로를 속입니다. 우리는 무슨 일이든 자신의 힘으로 해냈다고 생각하기를 좋아합니다.

얼마 전 한 간증 모임에 참석한 적이 있습니다. 한 사람이 일어나 이렇게 이야기하더군요. "저는 38년간 감리교 신자였습니다. 진짜 예수 이야기를 듣기 전까지는요." 아마 그가 실제로 뜻한 바는 아마 "저는 38년간 그저 형식적인 신자였습니다. 진짜 주님을 체험하고 이에 따라 살기 전까지는요"였던 것 같습니다. 그가 복음을 들은 지 한참이 지나서야 그 부름에 응답하게 되었다는 점은 이해할 만합니다. 하지만 저는 이야기에 깔린 그의 태도에는 동의하기 힘들었습니다. 그는 마치 주님에 대한 진실을 이제야 들어보게 되었다는 듯이 이야기했습니다. 혹 그가 정말 그런 뜻으로 한 이야기라면 이는 염려스러운 일입니다. 교회 학교에서 그를 가르쳐 준 사람들, 그의 성장을 인내하며 기다려준 이들, 그에게 수많은 설교를 들려준 성직자들, 그리고 그 외 틈마다 그에게 예수에 관해 이야기해 주었던 수많은 이는 어떻게 되는 것입니까? 그들이 그 이야기를 듣는다면 이렇게 되묻지 않았을까요. "38년간 우리가 당신에게 알려주려 애썼던 것은 아무것도 아니었나요?" 그 긴 긴 세월 동안 그의 동료 그리스도인들은 그에게 주님이 누구인지를 알려주려, 이야기해 주려 애썼을 것입니다. 전달한 내용이 부실

했을 수도 있고 전달하는 방식이 서툴렀을 수도 있지만 전하려 애썼을 것입니다. 게다가 실제로 그가 다른 이들보다 좀 더 오랜 시간이 걸려서야 그리스도교가 전하는 바를 받아들이게 된 것일 수도 있습니다. 하지만 얼마의 시간이 걸리든, 그리스도 안에서 자신이 누구인지를 발견하게 되는 일, 깨닫게 되는 일은 언제나 선물입니다. 이야기 자체이신 주님과 이야기를 전하는 이들이 함께 준 선물입니다. 그 선물을 받아 우리는 그 이야기의 일부가 됩니다. 그렇게 우리는 우리에게 세례를 베풀어 준 공동체에 언제나 의존하고 있습니다.

이런 맥락에서, 한때 차량에 많이들 붙이고 다니던 '나는 발견했다네'라는 스티커에는 심각하게 잘못된 메시지가 들어 있었다고 할 수 있습니다. 성경에 따르면 그분을 '발견한' 사람은 아무도 없습니다. 우리는 그분을 갈망한다고 하면서도, 번번이 번지수를 몰라 헤매곤 합니다. 그리고 많은 경우 우리는 주님을 찾기보다는 피하려 합니다. 하지만 그분의 무한한 사랑과 자비는 우리를 발견해 냅니다. 그러니 올바른 신앙 고백은 '나는 그분을 발견했다네'가 아니라 '그분이 나를 찾아내셨네'입니다.

어찌 보면 세례, 특히 유아세례가 '주님께 아이를 바치는 예식'이라는 말도 완전히 틀린 말은 아닙니다. 하지만 정확하게 말하자면 유아세례란 주님께 아이를 '바치는' 예식이라기보다는 "그 아이를 내게 데려오라" 말씀하시는 주님께서 아이를 "취하시는" 예식입니다. 아름답고도 심오한 진리이지요. 세례를 통해 주님께서 우리를 '취하십니다'. 그렇게, 우리는 '선택받은' 자들입니다.

이렇게 보면 '재세례'는 불가능합니다. 세례가 우리의 행위를 가리키는 징표일 뿐이라면, 즉 우리가 내린 결단, 우리가 맺은 약속, 우리가 바친 헌신, 우리가 이해한 바를 표현하는 것이라면 우리가 새롭게 신앙을 결단하는 시점마다 세례를 다시 받아도 좋을 것입니다. 우리가 무엇을 결심한들 그 결심은 무너지기 마련이니까요. 우리는 약속을 깨고, 헌신했다가도 변심하며 이해했다가도 오해합니다. 주님도 우리가 그렇다는 것을 잘 아십니다. 하지만, 전통적인 신학에 따르면 세례란 교회를 통해 이루어지는 주님의 활동입니다. 그분은 결코 결심을 바꾸시지도, 약속을 깨시지도, 우리가 누구인지를 오해하지도 않으십니다. 그러니 주님의 활동인 세례는 반복할 이유가 없습니다. 세례란 주님께서 주신 약속을 만인에게 선언하는 것입니다.

내가 네 주인이 되리라. 내가 너를 택하리라.
너를 절대 버려두지 않으리라. 너를 집에 이르게 하리라.

주님은 언제나 약속을 지키십니다.

그러니 '재세례'는 사실상 주님께서 거짓말을 하셨다고, 우리를 택하지도, 집으로 데려오지도 않으셨다고 말하는 셈이 됩니다. 주님께 이런 이야기를 듣고 싶은 사람은 없을 것입니다.

'다시 세례를 받고싶다'고 요청하는 이들 중 상당수는 세례를 잘못 이해하고 있습니다. 세례를 내가 해야 하는, 혹은 부모가 해야 하는 일, 내가 주님께 약속하는 일이라고 배웠기 때문이지요.

여기서 약속을 이행하고 결단해야 할 책임은 모두 '내' 어깨에 얹히게 됩니다. 때로 그 짐은 견디기 힘든 무게로 우리 어깨를 짓누릅니다. 그래서 이들은 교회로 와서 다시 세례를 받게 해 달라고 요청합니다. 내가 약속을 지키지도 못했고, 좋은 기분을 유지하지도 못했고, 여러 번 변심했기 때문입니다. 이번에는 제대로 '할 수 있기를' 바라며 그들은 '재세례'를 요청합니다. 교회는 이들을 향해 단호하게 말해주어야 합니다. 세례를 받을 때 당신 안에서 시작된 그 신비롭고도 경이로운 일을 '주님께서' 이루어가실 것이라고, 우리는 힘을 빼고 그 일을 받으면 된다고 말이지요. 이 일에는 시간이 걸립니다. 정상에 오르는 날도, 골짜기로 내려가는 날도 있을 것입니다. 그분의 활동이 느껴지는 날도, 그렇지 않은 날도 있을 것입니다. 그분이 하시는 일이 때로는 이해가 되겠지만, 때로는 이해가 되지 않을 것입니다. 하지만 그 일은 '주님의 일'이지 '내 일'이 아닙니다.

다시 한번 강조하지만, 세례를 만드신 분도 이끌어 가시는 분도 '내'가 아닙니다. 나는 세례라는 선물을 '받는 이'이지요. 세례는 우리에게 이를 상기시켜 줍니다. 그분은 당신의 약속을 지키실 것입니다. 그렇기에 우리는 짐을 내려놓고 편히 쉬며 기뻐할 수 있습니다. 주님은 당신의 선택에 신실하실 것이며 우리가 한눈을 팔 때조차 그렇게 하실 것입니다.

주님의 자녀가 되었다고 해서 우리가 그분의 자녀라는 사실이 늘 느껴지지는 않습니다. 늘 그분의 자녀처럼 보이지도 않습니다. 우리가 늘 그분의 자녀답게 행동하지 못한다는 사실을 그분은 아십니다. 그러나 우리는 그분의 자녀입니다. 우리가 어떤 자격을 갖춘 사람이라서, 무엇을 해내서 자녀가 된 것이 아닙니다. 그분이 우리를 택하셨기에, 온 세계 가운데 우리를 불러서 자녀 삼아주셨기에 자녀가 된 것입니다. 우리는 주님의 소유입니다. 우리가 불안할 때도, 외로울 때도, 패배했을 때도 세례는 변치 않는 말로 우리를 위로해 줍니다.

짐을 내려놓고 편히 쉬렴. 네가 나를 택한 게 아니라 내가 너를 택했단다.

IV

초대교회에서 했던 세례 예식에서 주목할 만한 행동이 또 하나 있습니다. 세례를 받은 후 세례받은 이가 주교 앞으로 나가면 주교는 새롭게 신자가 된 이를 품에 안고 손가락에 기름을 찍어 이마에 성호를 긋습니다. 이는 징표를 새기는 행위인데 당시 이마에 십자가 모양으로 성호를 긋는 것은 소유주를 표시하는 의미를 지니고 있었습니다. 오늘날 특정 상품에 기업명을 새기듯이요. 양에게 표식을 남겨 그 양이 누구의 소유인지를 표시하듯 세례는 세례를 받는 이가 누구의 소유인지, 어떤 무리에 속해 있는지를 표시하는 활동이기도 합니다. 세례를 통해 그리스도인은 자신을 택한 이, 자신의 소유주가 누구인지를 보여주는 표식을 받았습니다.

에스겔의 환상(겔 9:4)에서 주님께서 참회하는 이들의 이마에 표를 놓으라고 명령하시고 이 표식이 있는 이는 유죄 판결, 도살을 피할 수 있는 장면이 나옵니다.* 초대 그리스도인들은 이를 세례에서 새신자 이마에 표식을 남기는 예식의 전조로 보았습니다. 또한 요한 계시록에도 "우리가 주님의 종들의 이마에 도장을 찍을 때까지는 땅이나 바다나 나무들을 해하지 말라"(계 7:3)는 구절이 나옵니다. 이마에 표식을 새기는 것은 주님께서 그를 아끼시며, 그를 소유하시며, 그를 지키심을 가리키는 징표였습니다.

이러한 맥락에서 세례는 '위로'의 징표라고도 할 수 있습니다. 너무나 오랫동안 우리는 구원을 우리가 애써서 성취해야 하는 것이라고, 우리가 느끼고, 이해하고, 결단해야 하는 것이라고 이야기해 왔습니다. 청년들에게는 "세상으로 나아가서 자아를 성취하라"고, 장년들에게는 "주님의 선택을 받고 자녀로 그분께 선택을 받으려면, 그분의 사랑을 받으려면 무엇무엇을 해야 한다"고 말하며 그들의 확신을 앗아 왔습니다. 그렇게 우리는 우리가 노력하고, 선하게 살고, 믿고, 응답하여 그리스도의 삶을 살아내야 하는 것처럼, 그 삶이 우리에게 달린 것처럼 만들어 왔습니다. 그런 우리를 향해 세례는 우리가 누구인지를 기억하게 해 줍니다. 우리가 누구인지는 우리의 성취에 달려 있지 않습니다. 우리의 정체성은 주어진 것입니다.

나이가 어리든 많든, 우리는 모두 주님의 선택을 받은 이들입니다. 그분의 선택이 모든 것을 결정합니다. 그분의 선택을 받으려,

---

* "주님께서 그에게 말씀하셨다. '너는 저 성읍 가운데로 곧 예루살렘으로 두루 돌아다니면서, 그 안에서 일어나는 모든 역겨운 일 때문에 슬퍼하고 신음하는 사람들의 이마에 표를 그려 놓아라.'"(겔 9:4)

그분께서 베푸시는 선한 은총을 얻으려 필사적으로 애쓸 필요가 없습니다. 우리는 은총을 구걸하는 집 없는 고아가 아닙니다. 우리는 세례를 통해 이미 그 은총을 입은 왕족입니다. 이제 우리는 우리가 받은 은총과 선물을 따라 그 빛 속에서 살아가면 됩니다. 그리스도교 신앙은 천국에 도달하려 애쓰는 행동이 아닙니다. 이는 그리스도교 신앙에 대한 커다란 오해입니다. 그리스도교 신앙은 우리가 이미 그분의 나라에 도착했음을 기뻐하며 이를 평생에 걸쳐 되새기는 것입니다.

앞서 언급한 (자신을 괴롭히는 악당을 향해 당당하게 "저는 세례 받은 몸이라고요!"라고 말했던) 말썽꾸러기 꼬마 이야기는 모든 그리스도인이 알아야 할 깊은 진리를 일깨워 줍니다. 삶을 사는 동안 우리에게 어떤 일이 일어나더라도, 높은 곳에 오르든, 낮은 곳에 떨어지든, 우리가 어떤 일을 하든 무슨 생각을 하든 가장 중요한 사실은 주님이 우리를 택하셨고 뽑으셨고 당신의 자녀라 선언하셨고 당신의 소유로 삼으셨다는 것입니다. 이 진리에 대한 확신이 삶에서 가장 중요합니다.

세례란 우리가 주님의 소유임을 가리키는 징표라는 점에 대해 마르틴 루터도 묵상한 바 있습니다. 주님께서 값을 치르시고 우리를 사셨고 당신의 인장을 찍으셨습니다. 그렇기에 우리는 고요한 확신 가운데 두려움 없이 이 생을 살아갈 수 있습니다. 우리는 더는 두려워할 필요가 없습니다. 루터도 이 점을 강조했습니다. 성경은 주님을 '질투하는 분'으로 묘사합니다. 그분은 자신의 백성이 다른 신들과 놀아나는 데도 그들을 친절히 대하시는 분이 아닙니다. 우리는 '질투'할 정도로 우리를 사랑하시는 주님의 소유입니다. 세례를 통해 그분은 우리를 소유하셨습니다.

하이델베르크 요리문답Heidelberg Catechism(1563)에는 이런 질문이 있습니다.

사나 죽으나 당신의 유일한 위로는 무엇입니까?

이 질문에 하이델베르크 요리문답은 이렇게 답합니다.

나는 나의 것이 아니며
사나 죽으나 몸과 영혼은 내 신실한 구원자이신
예수 그리스도의 것입니다.

로마에 있는 그리스도 공동체의 구성원들을 향해, 선택받은 이들, 분투하고 있는 이들을 향해 바울은 말했습니다.

여러분은 또다시 두려움에 빠뜨리는 종살이의 영을 받은 것이 아니라, 자녀로 삼으시는 영을 받았습니다. 그래서 우리는 그 영으로 주님을 "아빠, 아버지"라고 부릅니다. 바로 그때에 그 성령이 우리의 영과 함께, 우리가 주님의 자녀임을 증언하십니다. 자녀이면 상속자이기도 합니다. 우리가 그리스도와 함께 영광을 받으려고 그와 함께 고난을 받으면, 우리는 주님이 정하신 상속자요, 그리스도와 더불어 공동 상속자입니다. (롬 8:15~17a)

이마를 더듬으며, 당신이 받은 세례를 기억하고 절대로 그것을 잊지 마십시오.

정리해 보기

◇ 18세기 유럽 _____은 삶에서 신비의 영역을 제거하려 애썼으며, 모든 종교를 이성적이고 합리적인 것으로 만들려 했습니다. (49쪽)

◇ _____이 이성만을 강조한다면 _____은 감정을 지나치게 강조합니다. 둘 다 세례 행위와 의미를 순전히 인간 편에서만 다룬다는 문제가 있습니다. (51쪽)

◇ 주님께서는 스스로를 낮추셔서 이 땅에 속한 요소들을 통해서도 우리를 자기 자신에게로 이끄시며 거룩한 복의 그림자를 육체 속에서 드러내십니다. … 그분께서는 _____을 통해서 _____을 전해주십니다. (그리스도교 강요 4권 14장 3절 中) (53쪽)

◇ 제자를 삼을 책임은 _____에 있습니다. 그리스도교는 '자기 일은 스스로' 하게 하는 종교가 아니며 구원을 빨리 얻는 법을 가르쳐 주는 학교가 아닙니다. 우리가 받은 구원은 언제나 _____입니다. (59쪽)

생각해 보기

◇ 자녀가 있다면 유아세례를 받게 할 의향이 있습니까? 있다면 그 이유는 무엇이고, 없다는 그 이유가 무엇인지 이야기를 나눠 봅시다.

◇ 세례를 다시 받고 싶다고 생각한 적이 있습니까? 3장 내용에 비추어 다시 세례를 받는 것에 관한 생각에 변화가 있는지 이야기 나눠 봅시다.

◇ 이 장을 보고 세례에 대한 당신의 생각이 바뀐 게 있나요? 함께 이야기해 봅시다.

- 누군가 당신의 아이를 대신 맡아 키워줘야 한다면
  그 사람은 누구일지 떠올려 봅시다.

- 그가 아이를 어떻게 길러 주기를 바라는지,
  그 내용을 담은 편지를 써 봅시다. 되도록 구체적으로 적어봅시다.

제 4 장

괜찮아, 물로 들어오렴

그런데 포도주가 떨어지니,
예수의 어머니가 예수에게 말하기를
"포도주가 떨어졌다" 하였다.

- 요한 복음 2장 3절 -

네 살 난 제 아이에게 수영을 가르쳐 주기 위해 몇 주간 지역 YMCA 수영장을 찾은 적이 있습니다. 수차례에 걸쳐 아이에게 수영의 기초를 가르치려고 해 보았지만 결국 성공하지는 못했습니다. 낙담한 저희 부부는 다른 사람에게 아이 수영 강습을 의뢰했습니다. 네 살배기 아이가 수영을 제대로 하려면 얼마나 걸릴지 물어보았지요. 수영 선생은 놀라운 답을 해주었습니다.

"조금만 더 일찍 왔으면 좋았을 뻔했네요. 어릴수록 수영을 가르쳐주기가 쉽거든요."

"어릴수록 쉽다구요?" 불신에 차서 저는 물었습니다.

"그럼요. 아이가 걸음마 하기 전에 배우러 오는 게 좋답니다." 저는 그녀에게 수영을 어떻게 가르치는지 물었습니다. 그녀가 답했습니다.

"일단은 아이를 물에 던져 넣다시피 하는 거예요. 아기들은 이미 어떻게 해야 하는지 알고 있거든. 아이는 본능대로, 천성을 따라 행동해요. 어릴수록 더 그렇고요. 아기가 9개월간 물속에 있었다는 점을 기억하는 게 좋아요. 아이는 이미 자신이 해야 할 일을 알고 있어요. 또 어릴수록 선생을 잘 믿고, 선생이 가르치는 것을 잘 받아들이지요."

수영 선생은 어린아이가 수영을 빨리 배울 수 있는 두 가지 이유로 아이가 천성을 따라 행동한다는 점, 어른보다 선생을 더 잘 믿는다는 점을 들었습니다. 흥미로운 이야기였습니다. 그날 밤 수영장 한켠에서, 저는 제가 하지 못했던 일을 노련한 선생이 해내는 모습을 지켜보았습니다. 그녀는 아이를 구슬려 물에 밀어 넣고 물에 완전히 잠기고 나서야 아이를 꺼내 주었습니다. 아이가 발버둥 쳐도 부드러우면서 단호하게 밀어 넣는 모습을 보았지요. 아이는 재채기를 몇 번 하더니 이내 감을 잡고 1분 동안 물에 완전히 들어갈 수 있게 되었습니다. 그 상태에서 선생은 아이의 손을 잡고 물에 떠보라고 시켰습니다. 그리고 손을 떼자 아이가 물에 떴습니다. 저희 부부는 놀라워했습니다. 아이는 신이 났고요.

아이의 수영 실력이 몰라보게 느는 모습을 보며 저는 아내와 이야기를 나누었습니다.

"아이가 자기 부모보다 다른 사람을 더 잘 믿는다는 걸 보여주
는 예가 되겠어. 선생이 가르치면 저렇게 잘 받아들이잖아."

아내는 제 말을 교정해 주었습니다.

"부모가 아이를 충분히 신뢰하지 못한다는 것을 보여주는 예일
지도 모르죠."

곰곰이 생각해 보니 아내가 옳았습니다. 수영장 한켠에서 선생이 아이를 물에 밀어 넣는 모습을 보는 순간 제 심박수는 올라갔고 손에 땀이 차면서 두려움이 솟구쳤으니까요. 그제야 저는 제게 그런 일을 해낼 만한 믿음이 없었다는 것을 알게 되었습니다. 수영을 가르치는 저 자신에 대해서도 배우는 아이가 가진 능력에 대해서도 저는 믿지 못했던 것입니다. 그리고 저의 불신은 아이에게 전염되었습니다. 아이가 수영을 배우지 못했던 이유는 제가 수영 선생처럼 부드럽고도 단호하게 아이를 물에 밀어 넣지도, 그렇게 할 수 있게 아이를 설득하지도 못했기 때문이었습니다.

||

신뢰Trust는 우리 삶의 기본을 이룹니다. 심리학자 에릭 에릭슨 Erik Erikson은 발달 단계상 태어난 지 몇 주 안에 아이가 '신뢰'를 형성하게 된다고 이야기했습니다. 여기서 신뢰란 엄마와 아이가 맺는 관계의 산물입니다. 생후 첫 몇 주간, 아이는 이 세상이 신뢰할 만한 곳인지, 신뢰하지 못할 곳인지를 익힙니다. 아침마다 잠에서

깨어난 아이는 소리칩니다. '거기 누구 없어요? 저 여기 버려진 건가요? 누구 우는 소리 듣고 와 줄 사람 없나요?' 이 소리에 문을 열고 엄마가 들어옵니다. 이내 엄마와 아기는 그들만의 작은 의식을 치릅니다. "오구오구, 우리 아기" 하며 어르고, 간지르고, 입을 맞추고, 어루만지지요. 매일 아침 이 의식은 반복됩니다. 에릭슨은 이렇게 만날 때마다 예측 가능한, 양식화된 의식을 하는 것이 아이 발달에 결정적인 영향을 미친다고 보았습니다. 나를 돌보아 줄 누군가가 있고, 언제든 도와줄 사람이 있다는 사실에서 아이는 세상이 두려운 곳이기보다는 신뢰할만한 곳임을 익히게 됩니다. 반대로 만날 때 환영받고, 받아들여지는 경험을 꾸준히 하지 못하면 아이는 이 세상이 무정하고 신뢰할 곳이 못 된다고 여기게 되고, 이는 비극적인 결과로 이어진다고 그는 이야기했습니다.

에릭슨의 견해에 한 마디를 덧붙이고 싶습니다. 그의 말대로 제때 아이 곁에 있어 주는 것도 중요하지만, 사실 제때 놓아줄 줄 아는 것도 중요합니다. 신뢰는 그 모든 경험을 통해 자라납니다. 아이를 사랑하는 부모는 만날 때와 떠날 때, 안아줄 때와 놓아줄 때를 알기 마련입니다. 아이의 숨이 막힐 정도로 과보호하며 집착하는, 건강하지 않은 방식으로 자녀를 붙드는 부모도 있습니다. 언뜻 굳건해 보이던 사랑이 소유욕이었던 것으로, 아이가 스스로 자라고 성장하지 못하게 아이를 옭아매는 학대였던 것으로 드러날 때도 있습니다. 이렇게 아이에게 집착하며 소유하려 하고 과보호하게 되는 이유는 신뢰의 부족 때문이 아닐까 싶습니다. 우리 자신도, 아이도, 이 세상도, 주님도 신뢰하지 못하기 때문에 아이를 놓아줄 수 없는 것이지요. 아이를 사랑하고 신뢰한다면 아이를 보내주어야 할 때를 알고, 아이를 설득해 물에 던져 아이 스스로 인생이라는 심해를 탐험하게 해 주어야 할 때를 알아야 합니다. 부모의 자녀 사랑에서 최상의 시험은 바로 여기에 있지 않을까 싶습니다.

Ⅲ

아이를 세례대 앞으로 데리고 나올 때 아이의 부모는 그가 원래 있어야 할 자리에 선 것입니다. 애초에 그 아이는 주님의 자녀라고 교회를 통해 부모들은 고백하는 것이지요. 공동체로 들어서는 문 앞에서 "누구든지 내 이름으로 이런 어린이들 가운데 하나를 영접하면 그는 나를 영접"(막 9:37)하는 것이라 하시는 주님의 음성을 듣는 것입니다.

유아세례는 작아서 주님께 더욱 총애받는 아이를 그리스도의 형제자매로 받아들이고 아이가 받아 마땅한 환대를 나누는 시간입니다. 그리스도께서는 이 작은 아이도 자신의 것이라고 선언하십니다. 교회는 '작은 이'를 향한 그리스도의 관심을 이어가라는 명령을 받은 가족이며, '작은 이'를 중심으로 데리고 와 그들에게 가장 영예로운 자리를 내어주는 공동체입니다. 주님께서는 '작은 이들(가난한 사람, 무력한 사람, 억압받는 사람, 어린아이, 노인, 소외된 이)'이 당신의 나라에 거하게 되리라고 말씀하셨습니다. 이처럼 우리는 유아세례 예식을 하면서 서로 만나 서로를 환대합니다.

또한 세례는 (부모나 교회 모두가 세례에 담긴 이러한 뜻까지 온전히 알아채지는 못할지라도) '놓아주는' 시간입니다. 진정한 사랑은 사랑하는 이를 놓아줄 줄 압니다. 부모의 사랑, 어머니 교회의 사랑도 마찬가지입니다. 자녀를 사랑하는 부모의 마음이 아이를 소유하고 통제하고 움켜쥐려는 마음으로 변질되면 그 사랑은 왜곡됩니다. 아이를 기르며 부모는 '아이가 제 길을 찾아갈 수 있도록' 훈련해야 합니다. 그리고 그 훈련의 종착지에서 아이는 필연적으로 부모의 품을 벗어나게 됩니다. 물론 그전까지 부모는 재량껏 아이가 어른으로 살아가는 데 필요한 자질, 기술, 지식을 얻게 해주기 위해 모든 노력을 다해야 합니다. 여기에는 성숙, 그리스도인으로 살아가는데 필요한 기술과 지식도 포함됩니다.

최근 몇 년간 저는 자녀에게 종교적 가치를 '주입'해서는 안 된다고 생각하는 부모들을 많이 만났습니다. 그들은 자식이 학문, 직업에 관련된 지식, 기술을 얻도록 도와주어야 하지만 종교 문제는 그렇지 않다고 생각하더군요. "우리는 그냥 우리가 믿는 바에 관해 이야기해 줄 뿐 결단은 아이의 자유라고 이야기해 줍니다." 한 가족이 언젠가부터 아이를(열두 살 소년이었습니다) 교회에 데리고 오지 않기에 왜 그런지 묻자 아이의 아버지가 이렇게 답한 일도 있습니다. "아이가 교회에 관심이 없어 해서요. 아이를 강제로 교회에 데리고 올 수는 없지 않습니까?" 하지만 이런 부모들도 야구 연습을 시키거나 피아노 연습을 하게 하거나 보이스카우트에 보낼 때는 다른 태도를 보였습니다. 그들은 강제로라도 그 일에 참여하게 했고 별로 고민하지도 않고 그렇게 하는 것 같았습니다. 부모로서 아이가 훗날 더 풍요롭고 만족스럽게 살아가는데 그런 활동들이 중요하다고 확신했기에 아이에게 그런 활동을 '강요'했을 것입니다. 그런데 왜 교회에 가는 일에 대해서는 그렇게 생각하지 않는 것일까요? 물론 아이의 욕구나 능력은 무시한 채 특정 신념과 행동 방식을 강제하는 부모가 있고 이에 자녀가 희생당하는 경우가 있는 것도 사실입니다. 그런 폐해들은 너무나 잘 알려져 있습니다. 또한 부모가 아무리 최선을 다하더라도 아이가 그 길을 따르지 않을 수 있다는 점도 우리는 잘 알고 있습니다. 하지만 "우리 가족이 믿는 바는 이렇단다. 우리는 너에게 이 믿음을 전해주겠다고 약속했어. 너도 여기에 참여했으면 좋겠구나"라고 말하는 것과 "종교 문제는 네 소관이야. 우리는 네게 이와 관련해서는 어떤 유산을 전해주거나 경험을 나누거나 전망을 이야기하지는 않을게"라고 말하는 것은 분명 다릅니다.

누군가가 자신을 교회에 보냈던 부모의 행동이 '강요'였다고 보게 되는 이유는 아마 부모가 거짓말을 했다고 느끼기 때문일 겁니다. 부모가 스스로는 삶을 던져 헌신하지도 않는 신앙을 자신에게만 강요하려 했음을 감지하게 되면, 아이는 분명 부모의 위선에 타격을 입게 될 것입니다. 자신은 가고 싶지도 않은 길로 자녀를 강제로 가게 하려 했던 그 거짓이 아이에게 상처를 입히는 것이지요.

저도 아내와 아이가 세례를 받게 할지를 두고 진지하게 논의해보았습니다. 아이 스스로 세례를 결단할 나이가 되기까지 미루어야 하나 고민도 했습니다. 하지만 이는 우리가 아이에게 품고 있는 기대에 정직한 것도, 책임 있게 아이에게 헌신하는 태도도 아니라는 생각이 들었습니다. 물론 아이에게는 자라서 자신이 무엇을 믿고 어떻게 행동해야 할지 결단할 자유가 있지만, 우리 품 안에 있는 동안에는 아이에게 신앙으로 사는 삶이 무엇인지를 보여주고 아이가 우리에게서 그 모습을 볼 수 있도록 최선을 다하기로 했습니다. 저희 자녀로 태어난 이상 아이에게는 제한된 선택지가 주어질 수밖에 없으니까요. 비현실적이고 부자연스러운 기대로 아이를 옥죄고 싶지 않았지만, 우리가 누구이며 무엇에 삶을 헌신하기로 했는지에 대해 거짓말하고 싶지도 않았습니다. 우리는 삶으로 이렇게 말하고 싶었습니다.

우리는 이런 사람들이야. 그리고 이런 사람이 되려고 애쓴단다. 그게 우리야. 우리 가족이 살아가는 방식이지. 우리는 이 진리를 받았고 받은 진리를 증언하는 사람들이야. 이제 네게 이것을 전해주려 한단다. 주님께서 그런 은총을 내려 주셨으면 좋겠구나.

아이를 신앙으로 양육하는 문제에 관해 대담하게 밀고 갈 수 없어 고통스러워하는 부모들이 상당수 있습니다. 부모들은 교육이 가치 있다고 확신하기에 아이를 학교에 보내며, 예술이 삶을 풍요롭게 함을 확신하기에 피아노를 배우게 하며, 어른으로서 행복하게 살려면 기본적인 일을 할 줄 알아야 하기에 집안일을 가르칩니다. 하지만 유독 신앙에 관해서는 그러한 확신을 갖지 못합니다. 그리스도교 신앙이 아이에게 특별히 줄 수 있는 것이 없다고 생각하는 것일까요. 우리는 무엇이든지 손에 쥘 수 있는 것만 가치 있게 여기고, 보이지 않는 것의 가치는 의문시하며 많은 것을 폐기해 버린 시대를 살고 있습니다. 그러니 부모들이 "내가 뭐라고 아이들에게 그들이 누구이며 무엇을 해야 한다는 이야기를 해줍니까? 그들에게 어떤 가치를 전해주겠습니까?" 하고 반문하는 것이 그리 놀라운 일은 아닙니다. 그리고 이는 방법의 문제도 있지만 믿음의 부족과도 연관이 있습니다. 우리가 믿는 것의 가치, 우리가 따르는 전통의 가치, 우리가 목격한 진리의 가치를 스스로도 충분히 신뢰하지 못하는 것이지요. 우리의 근본적인 문제는 신뢰의 부족에 있습니다.

하지만 우리가 아무리 아이를 신앙으로 기르려 애쓰고 아이가 좋은 자질을 갖게 하려 신실하게 노력한다 해도 언젠가 아이를 '놓아 주어야' 한다는 사실을 잊어서는 안 됩니다. 그리고 이를 위해서도 우리는 진실한 노력을 기울여야 합니다. 품에 있는 동안 최선을 다했다는 확신이 들면 아이를 놓아주기도 조금은 쉽겠지요. 언젠가는 아이를 놓아 주어야 할 때가 올 것입니다. 어느 날 아이가 등교하기 위해 집을 나서며 "고마워 아빠, 이제부터는 나 혼자 할게"라고 말할 날이 올 것입니다. 바람과 달리 의사가 되지 않겠다고 말할 날 혹은 마뜩잖은 여성, 혹은 남성과 결혼하겠다고 할 날이 올 것입니다. 그리고 그때마다 우리는 그 아이를 놓아주어야 할 것입니다. 홀로서지 못하면 영영 서지 못하기 때문입니다. 때로 아이에게 저지른 가슴 아픈 실수들을 돌이키고 싶고, 아이가 시행착오를 거치지 않게 해주고도 싶겠지만 그럴 수 없을 것입니다. 아이는 자신의 여정을 스스로 걸어 가면서만 배울 수 있고, 그 길에는 지름길이 거의 없으니까요.

IV

세례가 우리에게 전하는 이야기도 이와 같습니다. 부모들이 자녀에게 신앙의 근본적인 원리를 이야기해 줄 수도 있고 본인이 세례를 받았을 때 느꼈던 바를 말해줄 수도 있겠지만 결국 물에 잠겨 헤엄쳐야 하는 것은 아이입니다. 아이가 세례를 받을 때 부모는 아이 대신 대답을 해 줄 수는 있어도 아이 대신 신앙을 가져 줄 수는 없습니다. 주님께는 손녀나 손자가 없습니다. 각 세대는 세대마다 스스로 주님을 만나야 하며, 그분께 발견되어야 합니다. 그리고 때로 그 길은 험난할 것입니다. 가여운 요나가 고백했듯이요.

주님께서 나를 바다 한가운데,
깊음 속으로 던지셨으므로,
큰 물결이 나를 에워싸고,
주님의 파도와 큰 물결이 내 위에 넘쳤습니다. (욘 2:3)

인생이란 늘 고요한 물가가 아닙니다. 오히려 "깊음이 깊음을 부르"(시 42:7)는 소용돌이치는 바다, 휘몰아치는 파도여서, 우리는 때로 그 파도에 휘말리며 맹렬한 물길에 압도당하기도, 소용돌이에 말려들어 나락에 떨어지기도 합니다. 그렇기에 사랑하는 아이가 작은 발가락을 물에 담그는 것만 보아도 부모는 가슴이 찢어집니다. 곧 파도가 치리라는 것을 알고 있으니까요. 할 수만 있다면 아이 대신 그 파도를 맞고 싶은 게 부모 마음이지만, 그럴 수는 없습니다. 우리는 아이를 내려놓아야 합니다. 이때 내려놓음은 그 자체로 가장 깊은 신뢰가 담긴 행동입니다.

우리는 때로 우리보다 더 좋은 안내자들, 성직자들, 친구들의 품으로, 아이가 물에 들어가도록 아이를 더 잘 설득하는 선생에게로 아이를 보내주어야 합니다. 우리 부모들이 못하는 일(아이를 보호하고 싶은 마음에 차마 못 하는 일)을 타인이 해 줄 수 있기 때문입니다. 부모는 아이를 물로 밀어 넣지 못해도 타인은 그 아이를 밀어 넣을 수 있으니까요. 유아세례를 베풀 때 교회의 모든 구성원을 향해 아이를 돌볼 책임이 있다고 상기시켜 주는 이유도 여기에 있습니다. 세례를 받는 아이에게는 후견인이 있으며 후견인은 아이를 위해 발언합니다. 이때 후견인은 나머지 구성원들을 대표해 아이 부모에게 말하는 셈입니다.

여기 이 주님의 자녀를 양육하고 인도하는 일은 당신 홀로 하기에는 너무도 어렵고 또 중요한 일입니다. 그러니 우리 모두 당신과 함께 이 일에 참여하려 합니다.

세례대 앞에서 아이를 주님 품에 넘겨 드리듯, 그렇게 아이를 주님의 영원한 품으로 넘겨 드려야만 하는 때가 오기 마련입니다. 그때 부모는 세례를 통해 그 아이를 자신의 소유로 삼으신 주님의 그 거룩하신 팔이 언제까지나 그 아이를 구원하시리라 믿으며 어른이 된 자녀를 보내야 합니다.

얼마 전 한 부부가 상담을 요청해왔습니다. 성직자로서 자신의 자녀(반항기 넘치는 10대 아이)를 만나 이야기를 나누어 달라는 것이었지요. 당시 아이는 범법행위를 해 곤란에 처해 있었고, 가출을 일삼아 부모는 아이를 거의 포기하기 일보 직전이었습니다. 아이와 만나 저는 이런 이야기를 해주었습니다. "우리는 너를 사랑하고 아끼며 또 믿는다. 너를 돕고 싶구나." 저와 이야기를 나누고 나서 아이가 마음을 돌이켜 주기를 바랐지만 그런 일은 일어나지 않았습니다. 냉담하게 이야기를 듣던 아이는 고맙다는 의례적인 인사를 하고는 나가버렸습니다. 아이가 문을 나선 다음 복도를 향해 걸어가는 모습을 보며 저는 생각했습니다. '그래, 지금은 너를 보내마. 하지만 너를 포기하는 것은 아니야. 어딘지 모를 곳으로 내버려 두는 것이 아니야. 네게 세례를 주신, 너를 당신의 자녀로 선언하시고, 네 이름을 부르셨던 주님께서 너를 언젠가 집으로 이끌어 주시리라고, 그 약속을 지키시라고 믿으며 너를 보내는 거야. 놋 땅을 헤매고 다녔던 가인처럼 네 이마에도 네가 어디에 속해 있는지를 보여주는 표식(십자가)이 새겨져 있으니.'

부모에게 적용되는 이 원리는 때로 거룩한 어머니 교회에도 그대로 적용됩니다. 어머니 교회 역시 때로는 자녀들을 보내주어야 합니다. 자녀가 에덴 동편 놋 땅을 헤매고 다니도록 내버려 두어야 합니다. 언젠가는 자녀가 머물게 되기를 바라는 그 땅에 다다르기를 소망하면서 자녀를 보내주는 것입니다. 세례대로 아이를 데리고 나올 때 부모는 앞으로 그 아이에게 해 주어야 하는 일을 미리 하는 것이라 할 수 있습니다. 이는 세례가 기쁨의 예식이면서 고통이 침투하는 예식이기도 함을 알려줍니다. 부모는 그 자리에 섬으로써 교회와 주님을 마주하고 아이에게 이렇게 말합니다.

할 수만 있으면 우리는 너를 위해 죽고 너를 위해 살 거야. 아직 모르지만 네가 앞으로 겪게 될 그 모든 거듭남의 고통으로부터 너를 보호해주려 할 거야. 할 수만 있으면 풍랑을 잔잔하게, 바다를 고요하게 해주고 싶구나. 하지만 그럴 능력이 우리에게는 없단다. 그래서 너를 이렇게 보낸다. 그분이 들어오실 공간이 있도록. 주님의 은총을 향해 너를 내어놓는 거야. 그분의 은총이면 충분하다는 것과 그분께서 하신 약속(이 세례의 약속)을 끝내 지키시리라는 것을 믿으며 너를 주님께로 보낸다.

깊은 바다에서 건져 올려진 요나는 노래했습니다.

나는 땅속 멧부리까지 내려갔습니다. …
나의 주님, 당신께서 그 구덩이 속에서
내 생명을 건져 주셨습니다.
내 목숨이 힘없이 꺼져 갈 때, 내가 주님을 기억하였더니,
나의 기도가 주님께 이르렀으니, …
구원은 오직 주님에게서만 옵니다. (욘 2:6~7,9)

이제 그토록 소중한 우리의 자녀가 그 물로 들어갑니다. 캑캑대고 재채기도 하다 누군가 밀어 넣는 손에 머리가 물에 잠깁니다. 머리를 까딱까딱하더니, 물에 뜨고 이제 드디어 숨을 내쉬며 수영을 합니다. 우리 주님은 그 물속을 탐험하는 당신의 자녀들을 영원하신 팔로 안으시며 몇천 번이고 지탱해 주십니다.

정리해 보기

◇ _____는 우리 삶의 기본을 이룹니다. 심리학자 에릭 에릭슨은 발달 단계상 태어난 지 몇 주 안에 아이가 '_____'를 형성하게 된다고 이야기했습니다. (73쪽)

◇ 세례를 받는 아이에게는 _____이 있습니다. 그는 세례 시 교회의 나머지 구성원을 대표해 아이를 위해 발언합니다. (81쪽)

◇ 다음의 노래는 누구의 노래일까요? _____ (83쪽)

나는 땅속 멧부리까지 내려갔습니다. …
나의 주님, 당신께서 그 구덩이 속에서
내 생명을 건져 주셨습니다.
내 목숨이 힘없이 꺼져 갈 때에,
내가 주님을 기억하였더니,
나의 기도가 주님께 이르렀으니, …
구원은 오직 주님에게서만 옵니다.

생각해 보기

◇ 아이가 세례를 받을 때, 혹은 후견인이 되었을 때 그 아이에게 전해 줄 편지를 작성해 봅시다.

◇ 여러분에게 누구를 신뢰한다는 것은 무엇을 의미합니까?

◇ 신앙은 여러분의 일상에서 얼마만큼 중요합니까?

◇ 저자는 자녀에게 수영을 가르쳐주며 자신에게 아이를 향한 믿음이 없었다는 것을 깨달았다고 했습니다. 나에게 그와 비슷한 경험이 있습니까?

◇ 저자는 자녀의 신앙 교육 문제를 어떻게 생각하고 있습니까? 여러분은 어떻게 생각하고 있습니까? 함께 이야기를 나누어 봅시다.

제5장

씻는 욕조

여러분 가운데 이런 사람들이 더러 있었습니다.
그러나 여러분은 주 예수 그리스도의 이름과 우리 아버지의 성령으로
씻겨지고, 거룩하게 되고, 의롭게 되었습니다.

- 고린도전서 6장 11절 -

신학생이던 시절 저는 윌리엄 뮐William Muehl 교수에게 설교학을 배웠습니다. 수업에서 그분은 뮤지컬 영화 《웨스트 사이드 스토리》West Side Story에 나오는 '이런, 크룹케 경관님'Gee, Officer Krupke이라는 멋진 노래를 언급하셨는데 덕분에 저는 그 노래 가사를 다시 한 번 곱씹어 보게 되었습니다. 거리의 불량 청소년들이 부르는 그 노래는 오늘날 우리가 처한 종교적 상황에 대해서도 많은 이야기를 해주는 듯했습니다.

영화에서는 수많은 사회과학자가 이들의 범죄 성향을 분석합니다. 그들은 이들의 비행이 특정한 사회적 조건 탓이라고 결론을 내리며 그 덕에 불량 청소년들은 본의 아니게 그 이론의 수혜자가 됩니다. 사회학자들은 사회적 억압이 이들을 그렇게 만들었다고, 그들도 피해자라고 설명합니다. 경제학자들은 만성적인 실업이 소년들을 거리로 내몰았고 불량한 행동을 하게 만들었다고 말합니다. 심리학자들은 그들의 범죄는 사춘기라는 질풍노도 시기의 한 단면일 뿐이라고 말합니다. 그들에게 아버지상이 결핍되어 있기 때문에 청소년이 되자 그런 모습을 보이는 것이라고요. 전문가들과 치료자들은 입을 모아 불량 청소년들이 지금 그런 식으로 사는 것은 그들의 책임이 아니라고, 기본적으로는 착한 아이들인데 나쁜 환경에 둘러싸여 있다 보니 삐뚤어진 것이라고 단언합니다.

크룹케 경관은 순찰을 하다가 문제를 일으키는 불량 청소년들을 보고 곤봉으로 그들의 머리를 때립니다. 하지만 사회 운동가들은 그에게 맞서 이 어린 소년들에게 필요한 것은 처벌이나 힐난이 아니라 공감과 이해라고 말합니다. 이에 크룹케 경관은 좌절하지요. 그러나 불량 청소년들은 오히려 자신들을 편드는 이들을 놀리고 또 흉내 냅니다. 명랑한 합창으로 불량 청소년들이 자신들이 느끼는 바를 크룹케 경관에게 알려주면서 노래는 끝이 납니다. 불량 청소년들도, 경관도 알고 있습니다. 그들은 그저 오해받는 게 아니라는 것을, 그들은 실제로 선하지 않다는 것을요.

앞서 언급했던 윌리엄 뮐 교수님은 『저주받은 모든 천사』All the

Damned Angels라는 책에서 저 불량 청소년들의 비행을 사회의 잘못으로만 설명하고 넘겨서는 안 된다고 이야기했습니다. 그들은 단순히 타락한 사회의 타락을 받아들인 수신자 이상의 존재입니다. 그들은 자신들의 손으로 또 다른 타락을 만들어 냅니다. 간단히 말해, 그들은 죄를 지었습니다. 자신들을 변호하려는 이들에게 불량 청소년들은 노래로 경고합니다. 자기들이 저지른 비행을 그렇게 설명해 넘기는 것은 자신들을 진정으로 아끼는 일이 아니라고요. 죄를 치우고, 잘못할 자유, 선택할 수 있는 자유를 치워버리는 것은 인간에게서 아주 중요한 부분을 제거해버리는 것과 다름없습니다. 우리에게 있는 최고의 것은 선이 아닙니다.

베스트셀러가 된 책 『무엇이 죄가 되었든 간에』Whatever Became of Sin에서 저자 칼 메닝거Karl Menninger는 모든 일탈 행동의 원인을 좋지 못한 사회적 조건에서 찾으려는 심리치료사, 사회과학자들을 꾸짖습니다. 하지만 메닝거가 가장 날카롭게 비판하는 이들은 근대적 자유주의에 바탕을 둔 종교를 수립하려는 이들입니다. 이들이 지난 수십 년 동안 사실상 죄란 것은 없다고 사람들에게 말해 왔기 때문입니다. 이로 인해 많은 사람이 '죄'sin라는 말이 지나치게 우리를 정죄하는 말이라는 인상을 받게 되었습니다. '나도 괜찮고, 너도 괜찮아'로 대표되는 낙관적이고 진보적인 세계관이 퍼져 나가면서 '죄'라는 말은 설 자리를 잃게 되었습니다. 한때 '죄'라고 불렸던 것을 이제 우리는 '대안적인 생활 방식', '사회 부적응', '잠재력을 충분히 실현하지 못함', '부적절한 교육의 결과'라 부르게 되었습니다. 그리고 궁극적인 권위, 모든 인간 행동을 판단하는 주님의 권위가 축소되면서 친절하게 모든 것을 긍정하고 모든 것을 받아들이는 너그러운 치료사, 모두를 축복하고 누구도 저주하지 않는 '신' 그림이 많은 이의 마음을 차지했습니다.

사실상 '시시한 신'이 그리스도교의 주님을 대신하게 된 것입니다. 부정, 잔인한 폭력, 인종차별, 도둑질, 편견, 거짓말, 우상숭배 … 이 밖에도 우리가 '죄'라고 부를 수밖에 없는 수많은 일이 도처에서 일어나고 있습니다. 그리고 이중 상당수는 세속 권위나 세속 치료사들이 해결할 수 없습니다. 이 문제들은 주님을 믿는 신앙과 연결되어 있습니다. 지상의 법은 시민들 사이의 관계만을 다룹니다. 하지만 주님과 주님의 법을 받아들이는 이들에게는 그분의 요구와 요청이 모두 법이 됩니다. 주님께서 요청하고 요구하는 대로 살지 못한다 해도 세속법에 저촉되지는 않을 수 있습니다. 주님께서 요청하시는 대로 살지 못하는 것을 문제로 느끼는 이들은 그리스도인뿐입니다. 그리고 이 문제는 '죄'라는 말 외에 달리 부를 수 있는 말이 없습니다.

하지만 오늘 일반적인 사람들은 죄라는 말에 별달리 부담을 느끼지는 않는 듯합니다. 아우구스티누스나 마르틴 루터, 존 웨슬리 John Wesley 같은 이들의 글을 보고 의아해하기도 합니다. 이런 위인들이 왜 그리도 '죄' 때문에 고통스러워하고 괴로워했는지 이해하지 못하기 때문입니다. '죄'에 민감했던 양심은 아마 그들이 과학이 발달하기 전 구시대적 관점을 갖고 있었기 때문이리라 추측하기도 합니다. 인간은 기본적으로 선하며 악하지 않다고 여기기에, 누군가 나쁜 행동을 하면 그것은 그가 나쁜 사람이어서가 아니라 세상이 나쁘기 때문이라고 생각합니다. 하지만 그렇게 생각하면 이 혼란을 벗어날 수 있을까요? 무시무시했던 2차 세계 대전을 치르고서는 기본적으로 사람은 선한데 모두 삐끗해서 그렇게 되었다고 이야기하면 그만일까요? 강제수용소와 무차별 폭력, 유대인 학살을 모두 그런 식으로 넘길 수 있을까요? 베트남 전쟁, 인종차별, 만연한 아동학대, 강간, 급증하는 이혼, 일상에서 소소하게 서로를 향해 가하는 폭력과 불의, 그 모든 것이 그저 실수라고, 기본적으로는 착한 사람들인데 삐끗한 것뿐이라고 이야기해도 될까요? 전직 대통령이 TV에 나와서 자신의 직무를 저버린 일을 정당화하며 "제 판단에는 몇 가지 실수가 있었습니다"라고 말하는 것이 온당한 일일까요?

데이비드 헤드David Head는 『그분께서는 속이 뒤틀리시는 아픔을 주셨습니다』He Sent Leanness에서 성공회 기도서를 우스꽝스럽게 비튼 '요즘 신자의 신앙 고백을 담은 기도'를 내어놓았습니다. 이 기도에는 오늘날 죄와 용서에 관한 일반적인 생각이 담겨 있습니다.

자애롭고 느긋하신 주님, 우리는 때로 실수를 하고 이에 죄책감도 느낍니다. 하지만 이런 실수들은 우리 유전자에 문제가 있어서, 또 환경이 받쳐 주지 못해서 일어납니다. 우리는 상식에 어긋나는 행동도 가끔 하지만 주어진 환경 안에서는 나름대로 최선을 다하고 있습니다. 예의상 할 일은 하려고 하고, 남에게 피해는 안 주려 합니다. 이만하면 그래도 괜찮은 편 아닙니까. 그러니 어쩌다가 하는 실수는 가볍게 여겨주소서. 다정다감하신 주님, 당신께서는 부족함을 인정하는 사람은 받아 주신다 하셨고, 인내심에 한계가 없다고 하셨으니 그렇게 해 주시리라 믿습니다. 잘못을 해도 눈감아주는 부모처럼 저희를 대해 주시고 아무런 해도 입지 않고 행복하게 살아가도록 해 주소서. 그리고 저희의 자아를 존중해주소서. 아멘.

한 교회 모임에서 죄에 관해 이야기를 나누던 중 한 사람이 '죄'를 '하면 안 되는 줄 알면서도 그 행동을 하는 것'이라 정의할 수 있지 않겠냐고 제안했습니다. 즉 도둑질이 나쁜 줄 몰랐고 그것이 옳은 일이라고 배운 사람이 있다면, 그이가 도둑질을 저질렀다고 해서 죄를 지었다고 말할 수는 없지 않겠느냐는 말이었지요. 이런 정의를 그대로 따르면 죄는 무지로 인한 문제, 혹은 부적절한 교육으로 인한 문제가 됩니다. 하지만 우리는 그 어느 시대보다 많은 교육을 받고 있지 않습니까? 지난 수십 년간 대부분의 나라에서는 시민에게 양질의 교육을 제공하려 엄청난 노력을 하고 있지 않습니까? 하지만 그 결과 과거 어느 때보다 우리가 선한 사람들이 되었다고 말할 수 있을까요? 오히려 그렇게 지식을 쌓게 되면서 우리는 죄를 더 잘 세공해 그럴싸하게 치장하고, 변명하고, 정당화하는 기술을 얻게 된 것은 아닐까요?

어떤 이들은 인류의 죄와 죄성은 이제 극복될 수 있다고 말하기도 합니다. 이들은 우리가 '죄'라 불리는 것들에 끈질기게 사로잡히는 이유는 부적절한 교육, 혹은 정보가 부족해서라고, 정부의 주도로 이를 계몽하는 정책들을 만들어서 바로잡으면 된다고 주장합니다. 앞에서 이야기한 문제들을 보고도 이런 이야기들이 나오고, 이에 고개를 끄덕이는 이들이 있다는 것은 놀랍습니다. 우리가 우리의 죄에 대해 그렇게 반응한다는 것 자체가 놀라운 일입니다. 죄에 대해 그러한 식으로 반응하며 죄를 합리화하고 정당화하고 그럴듯하게 설명하려는 것 자체가 실은 우리가 여전히 죄에 강력하게 사로잡혀 있다는 가장 결정적인 증거일 것입니다.

이러한 맥락에서 현대인들의 가장 심각한 문제는 우리에게는 심각한 문제는 없다고 여기는 것 그 자체라 할 수 있습니다. C. S. 루이스C. S. Lewis가 어디선가 언급했듯 우리가 비참한 죄인이라는 증거는 우리 스스로 그러한 상태를 자각하지도, 인정하지도 않는다는 데 있습니다. 건물 지하에서는 불길이 치솟고 있는데, 사람들은 건물 꼭대기에서 흥청대며 파티를 벌이고 있는 상황과 비슷하달까요. 그러한 환란 속에 있으면서도 사람들은 자신에게 아무런 문제도 없다고 생각하고 있을 것입니다. 이렇게 당면한 문제가 있는데도 무엇이 문제인지를 모른다는 것 자체가 실은 가장 비참한 일입니다.

우리의 죄는 너무나 심각하고 노력해서 극복할 수 있는 정도가 아니기 때문에 우리는 과감하게 그러한 비참한 상태를 인정하거나 이를 거부하고 무시하는 방식으로 대응할 수밖에 없습니다. 우리의 참된 문제는 우리가 여러 잘못들을 저지른다는 것이 아니라 우리가 죄인이라는 데 있습니다. 우리는 근본적으로 이기적인 방식으로, 자기중심적으로, 무지로, 우상숭배적인 태도로 삶을 살아갑니다. 이것이 우리의 문제입니다. 그나마 양심적인 이들조차 자신이 이기적이고 자기중심적으로 행동하는 순간 이를 인정하려 하지 않습니다. 비극적인 일입니다. 우리는 우리가 짓는 가장 커다란 죄를 가장 커다란 의라 부르기까지 합니다. 바울은 의를 추구하는 모든 진실한 이들을 향해 비통해하며 이야기합니다.

> 나는 내가 하는 일을 도무지 알 수가 없습니다. 내가 해야겠다고 생각하는 일은 하지 않고, 도리어 해서는 안 되겠다고 생각하는 일을 하고 있으니 말입니다. … 그렇다면, 그와 같은 일을 하는 것은 내가 아니라, 내 속에 자리를 잡고 있는 죄입니다. … 나는 선을 행하려는 의지는 있으나, 그것을 실행하지는 않으니 말입니다. 나는 내가 원하는 선한 일은 하지 않고, 도리어 원하지 않는 악한 일을 합니다. 내가 해서는 안 되는 것을 하면, 그것을 하는 것은 내가 아니라, 내 속에 자리를 잡고 있는 죄입니다.
>
> (롬 7:15~20)

여기에 인간의 곤경이 놓여 있습니다. 우리는 무엇이 선한지도 잘 모르지만, 설령 안다 해도 그렇게 하고 싶어 하지 않습니다. 현대 세계는 우리가 처한 상황에 대해 방대한 설명을 제시합니다. 그리고 현대 사상과 윤리는 이리저리 모습을 바꾸어가며 우리가 결국 그렇게 나쁘지 않다고 이야기하는 데 열중합니다. 하지만 그런 식으로 죄에서 벗어나려 하는 그 순간에도 우리는 알고 있습니다. 그마저도 우리 죄의 일부라는 것을요. 이러한 덫이 죄가 아니면 무엇일까요. 이를 두고 단호하게 죄는 아니라고 말할 수 있는 이가 누가 있겠습니까. 우리의 문제는 조금 손을 대면 고칠 수 있는 결점이 아닙니다. 우리는 어쩌다 삐끗해서 '안되는 줄 알면서도' 가끔 잘못을 저지르는 것이 아닙니다. 우리는 근본적으로, 그리고 우리가 만들어 낸, 우리를 둘러싼 문화 전체가 잘못된 방향을 향하고 있습니다. 우리는 그런 경향이 있습니다. 실수, 폭력, 거짓말, 교만, 편견, 부정 등등 우리가 현실에서 저지르는 잘못들은 핵심이 아닙니다. 우리 문제의 핵심은 바로 우리의 죄입니다. 우리가 저지른 잘못들sins은 우리 죄Sin의 산물들일 뿐입니다.

우리가 기본적으로는 선한 사람들이고 인류는 진보하고 있다는 가정이 퍼져있기에, 요즘 우리는 죄에 대해 별 이야기를 하지 않습니다. 하지만 우리가 일상에서 경험하고 역사가 전해주는 분명한 사실은 죄는 온 인류에 편만해 있으며 이로 인해 가장 선한 의도로 하는 행동들조차 예상치 못한 파국을 낳는다는 것입니다.

II

세례는 그 자체로 우리가 죄에 빠져 있음을 드러냅니다. 신약에서 세례는 죄를 물로 씻는 행위로 등장합니다. 세례자 요한이 예수 이야기를 열어젖힐 때도 설교와 함께 세례를 선포합니다. "씻고 깨끗해져라. 메시아께서 오신다." 요한은 "광야에서, 죄를 용서받게 하는 회개의 세례를 선포하는"(막 1:4) 모습으로 나타납니다. 그가 요단강에서 행하던 '세례'는 참신하거나 특이한 종교 의례가 아니었습니다. 구약에는 이미 몸을 씻는 다양한 예식들을 기록하고 있으며 이는 주님이 당신의 백성들에게 거룩함을 요구하신다는 징표였습니다.

> 나는 … 너희를 이집트 땅에서 데리고 나온 주다.
>
> 내가 거룩하니, 너희도 거룩하게 되어야 한다. (레 11:45)

> 너는 아론과 그의 아들들을 회막 어귀로 데리고 와서 목욕을 하
>
> 게 하고 (출 29:4)

> 주님께서 모세에게 말씀하셨다. "너는 이스라엘 자손 가운데서
>
> 레위 사람을 데려다가, 그들을 정결하게 하여라." (민 8:5~6)

이스라엘의 주님은 "깨끗한 손과 순결한 마음"(시 25:4)으로 드리는
예배를 받으십니다. 시편 기자는 간구합니다.

> 내 죄악을 말끔히 씻어 주시고, 내 죄를 깨끗이 없애 주십시오.
>
> … 우슬초로 나를 정결케 해 주십시오. 내가 깨끗하게 될 것입니
>
> 다. 나를 씻어 주십시오. 내가 눈보다 더 희게 될 것입니다.
>
> (시 51:2,7)

죄를 씻어내는 물은 개인의 죄뿐만 아니라 온 이스라엘의 죄를 씻
어냅니다.

> 내가 너희를 이방 민족들 가운데서 데리고 나아오며,

그 여러 나라에서 너희를 모아다가,

너희의 나라로 데리고 들어가겠다.

그리고 내가 너희에게 맑은 물을 뿌려서 너희를 정결하게 하며,

너희의 온갖 더러움과 너희가 우상들을 섬긴

모든 더러움을 깨끗하게 씻어 주며,

너희에게 새로운 마음을 주고 너희 속에 새로운 영을 넣어 주며,

너희 몸에서 돌같이 굳은 마음을 없애고

살갗처럼 부드러운 마음을 주리라. (겔 36:24~26)

이러한 예언자적 전망은 결국 선택받은 백성을 넘어서 온 세상까지 확장되기에 이릅니다. 스가랴는 주님의 날이 도래할 때 그분께서 모든 나라를 깨끗하게 해 주시리라고 예언합니다.

그날이 오면, 예루살렘에서 생수가 솟아나서,

절반은 동쪽 바다로,

절반은 서쪽 바다로 흐를 것이다.

여름 내내, 겨울 내내, 그렇게 흐를 것이다.

주님께서 온 세상의 왕이 되실 것이다.

그날이 오면, 사람들은 오직 주님 한 분만을 섬기고,

오직 그분의 이름 하나만으로 간구할 것이다. (슥 14:8~9)

사해 문서에 따르면 예수와 세례자 요한이 살던 시대까지도 목욕 예식을 빈번히 행한 금욕 공동체들이 있었던 것으로 보입니다.

이들에게 목욕은 정결 예식일 뿐 아니라 참회 예식이었고 주님의 뜻에 복종하겠다는 결단 예식이기도 했습니다. 그들은 이 예식을 치르며 메시아가 오실 그날, 새로운 시대의 새벽을 맞이할 준비를 했습니다.

예수 시대에서 머잖은 시점부터는 이방인 회심자들이 유대교로 개종할 때 세례를 행하기도 했습니다. 개종자는 할례를 받기 전 자신을 정화하기 위해 목욕을 해야 했습니다. 세례는 그리스도교의 주요 입교 예식이기도 했지만 유대교로 입교하는 과정의 일부이기도 했습니다. 이전 삶의 흔적을 씻어내지 않은 채로는 누구도 새 삶으로 들어설 수 없기 때문이었습니다.

복음서는 세례자 요한이 등장하면서 시작합니다. 광야에서 왔다는 이 이상한 예언자는 사람들에게 요단강으로 나와 몸을 씻고 메시아를 맞이할 준비를 하라고 명령했습니다. 그리고 "회개에 합당한 열매를 맺어야"(눅 3:8) 한다고 말했습니다. 삶이 변하고, 돌아서야 한다고, 그 변화가 행위로 드러나야만 한다고 일갈했습니다. 그는 경고했습니다.

> (주님께서는) 도끼를 이미 나무뿌리에 갖다 놓으셨다. 그러므로 좋은 열매를 맺지 않는 나무는 다 찍어서 불 속에 던지신다. (눅 3:9)

예수가 요한이 베푸는 세례를 받음으로써 요한이 베푼 세례에는 새로운 의미가 더해졌습니다. 바로 지금까지 이야기했던 세례의 의미들이지요. 그리스도교의 세례는 정결 예식이었던 세례를 예수가 받음으로써 추가된 의미까지를 포함합니다. 그러나 새로운 의미가 담기게 되었다고 해서 세례의 기존 의미(죄를 깨끗이 씻어낸다는 의미)가 사라지는 것은 아닙니다.

논쟁을 벌이는 고린도 교회 사람들을 향해 바울은 그들이 "성령으로 씻"겼음을 상기시키며 이제 그들이 "거룩하게 되고, 의롭게 되"었다고 이야기합니다. 다메섹으로 가던 길에 눈이 먼 바울에게 아나니아는 말합니다.

> 일어나 주님의 이름을 불러서 세례를 받고
> 당신의 죄 씻음을 받으시오. (행 22:16)

세례는 이전과는 다른 길에 우리가 서도록, 우리에게 진정한 소명을 주며 죄가 막아서서 실현되지 못하고 있던 우리의 참된 본성을 보게 해 줍니다. 이제 우리는 노예의 길을 벗어나 다른 북소리를 따라 행진하기 시작합니다.

에이단 캐버너Aidan Kavanagh는 『그리스도교 세례의 형성』The Shape of Christian Initiation에서 세례가 단순히 씻는 행위가 아니라 '온몸을 씻는 행위'였음을 상기시킵니다. 옷이나 접시도 씻을 수 있지만 온몸을 씻는 행위는 인간이, 스스로 나서서 해야 합니다. 또한 당시 목욕, 온몸을 씻는 행위는 사적인 행위인 동시에 공적인 의식이기도 했습니다. 당시 사람들은 목욕이 개인이 위생을 위해 하는 행동 이상의 의미를 지니고 있다고 생각했습니다. 로마인들의 거대한 목욕탕 유적은 이를 보여줍니다. 목욕은 목욕하는 이를 깨끗하게 해

줄 뿐 아니라 변화시켰습니다.

성경은 때로 성령 받는 것을 출생 이후 목욕하는 것에 빗대어 설명합니다.

> 예수께서 그에게 말씀하셨다. "내가 진정으로 진정으로 너에게 말한다. 누구든지 다시 나지 않으면, 아버지의 나라를 볼 수 없다." 니고데모가 예수께 말하였다. "사람이 늙었는데, 그가 어떻게 태어날 수 있겠습니까? 어머니 뱃속에 다시 들어갔다가 태어날 수야 없지 않습니까?" 예수께서 대답하셨다. "내가 진정으로 진정으로 너에게 말한다. 누구든지 물과 성령으로 나지 아니하면, 아버지의 나라에 들어갈 수 없다." (요 3:3~5)

> 우리의 구주 … 께서 그 인자하심과 사랑하심을 나타내셔서 우리를 구원하셨습니다. 그분이 그렇게 하신 것은, 우리가 행한 의로운 일 때문이 아니라, 그분의 자비하심을 따라 거듭나게 씻어주심과 성령으로 새롭게 해 주심으로 말미암은 것입니다. 거룩하신 아버지께서는 이 성령을 우리의 구주이신 예수 그리스도로 말미암아 우리에게 풍성하게 부어 주셨습니다. 그래서 우리는 그분의 은혜로 의롭게 되어서, 영원한 생명의 소망을 따라 상속자가 되었습니다. (딛 3:4~7)

바울은 이를 장례 목욕, 매장, 신부가 혼례를 앞두고 하는 목욕에 견줍니다.

세례를 받아 그리스도 예수와 하나가 된 우리는 모두 세례를 받을 때에 그와 함께 죽었다는 것을 여러분은 알지 못합니까? 그러므로 우리는 세례를 통하여 그의 죽으심과 연합함으로써 그와 함께 묻혔던 것입니다. 그것은, 그리스도께서 아버지의 영광으로 말미암아 죽은 사람들 가운데서 살아나신 것과 같이, 우리도 또한 새 생명 안에서 살아가기 위함입니다. 우리가 그의 죽으심과 같은 죽음을 죽어서 그와 연합하는 사람이 되었으면, 우리는 부활에 있어서도 또한 그와 연합하는 사람이 될 것입니다. 우리의 옛사람이 그리스도와 함께 십자가에 달려 죽은 것은, 죄의 몸을 멸하여서, 우리가 다시는 죄의 노예가 되지 않게 하려는 것임을 우리는 압니다. 죽은 사람은 이미 죄의 세력에서 해방되었습니다. (롬 6:3~7)

그리스도께서 그렇게 하신 것은, 교회를 물로 씻고, 말씀으로 깨끗하게 하여서, 거룩하게 하시려는 것이며, 티나 주름이나 또 그와 같은 것들이 없이, 아름다운 모습으로 교회를 자기 앞에 내세우시려는 것이며, 교회를 거룩하고 흠이 없게 하시려는 것입니다. (엡 5:26~27)*

교회는 그리스도를 맞기 위해 목욕을 한 신부, 다시 태어나 새 삶을 살게 된, 새로워진 신부입니다. 세례는 "예수의 이름으로"(고전

---

* 이 외에도 로마서 9장을 참조하라.

1:13) 온몸을 깊이 담가 씻는 행위로 할례 여부로 유대인이 다른 이와 구별되듯이 세례 여부로 그리스도인은 구별됩니다(골 2:1). 우리는 세례를 받음으로써 그리스도와 하나가 되어 그리스도를 옷으로 입습니다(갈 3:27). 그리고 세례를 받음으로써 우리는 죄에 대해서는 죽고 그리스도 안에서 새롭게 살아갑니다(롬 6:1~11). 세례는 너무나도 근원적인 경험, 삶에서 결정적인 위치를 차지하는 경험이기에 성경은 이를 우리 삶에서 가장 중요한 경험(탄생, 결혼, 목욕, 죽음)에 빗대어 이를 설명합니다. 고대 세계에 여느 목욕이 그랬듯 세례도 온몸을 씻은 뒤 기름을 바르는 것으로 마무리되었습니다. 세례라는 거룩한 목욕을 마친 이는 이제 새로운 옷, 특별한 옷으로 자신을 단장합니다.

> 여러분은 모두 세례를 받아 그리스도와 하나가 되고, 그리스도를 옷으로 입은 사람들이기 때문입니다. (갈 3:27)

이 옷은 세례받은 이가 완전히 새로워졌음을, 새로운 본성을 갖게 되었음을 드러냅니다. 물에 들어갔다 나온 이는 이제 깨끗해졌을 뿐 아니라 변화되었습니다.

Ⅲ

자신에게 변화가 필요하지 않다고, 이대로도 괜찮다고 생각하는 사람은 변하여 새사람이 될 수 없습니다. 손이 깨끗하다고 생각하는 사람이 손 씻을 필요를 느낄 리 없지요. 예수께서 말씀하셨듯

건강한 사람에게는 의사가 필요 없습니다. 이 말씀에는 실제로는 아프면서도 자신이 아프다는 것조차 모르는 사람이 가장 심각한 환자라는 암시가 담겨 있습니다.

참된 회심을 위한 유일한 조건은 자신이 참된 죄인임을 받아들이는 것뿐이라고 세례는 이야기합니다. 온몸을 씻어내기 위한 필요조건, 목욕을 하기 위한 유일한 필요조건은 자신이 정말 더럽다는 것을 아는 것입니다. 하지만 우리는 이 진실에 저항하려 얼마나 몸부림치는지요. 우리는 너무나 자주 주님이 우리에게 기대하시는 바를 어느 정도 충족하면 이에 따라 더 복을 내리시리라고 생각합니다. 그런 생각이 더 그럴듯하다고 여깁니다. 올바르게 생각하면, 올바르게 행동하면, 올바르게 느끼면, 혹은 성별이든 인종이든 특정 조건을 만족시키면 주님이 자신을 더 자애롭게 대하시리라고 추측합니다. 하지만 루터가 강조하듯 "주님은 우리의 올바름을 비웃으십니다".

주님은 우리 인간성의 어느 한 부분이 아니라 우리 인간성 전체와 다투십니다. 주님의 진노는 종교인과 비종교인 모두에게 내립니다. 우리가 하는 가장 선한 일도 그분의 선하심에는 미치지 못합니다. 우리의 가장 고결한 사고, 가장 헌신적인 행동 역시 우리를 구원하지 못합니다. 이런 우리를 향해 그분은 말씀하십니다.

내 길은 너희 길과 다르다. (사 55:8)

거룩하신 주님의 이 천둥 같은 소리에 우리가 '경건한 행동'을 한

답시고 해왔던 모든 하잘것없는 것들이 무너지고 맙니다. 우리가 본래 했어야 마땅한 선을 이룬 사람은 아무도 없습니다. 우리는 의롭지 않습니다. 우리는 죄인입니다.

누군가 묻습니다. '세례가 우리 죄를 다루는 예식이라면 귀엽고 작은 아기들은 왜 세례를 받아야 하나요?' 죄를 무언가 잘못임을 알고도 행한 과오, 분별없이 충동적으로 저지른 비행이라 정의한다면 아기들은 죄인이라 할 수 없을 것입니다. 그렇다면 아기가 자라 잘못을 저지를 때까지, 혹은 잘못을 구별할 수 있을 때까지 세례를 미루어야 하겠지요. 하지만 죄가 근본적이며 태어나면 곧바로 휘말리게 되는 인간의 조건이라면 죄는 우리가 태어나자마자 우리의 일부가 된다고 할 수 있을 것입니다. 신앙의 선배들은 이를 '원죄'Original Sin라고 불렀습니다. 아기들이 우리 성인처럼 자기중심적이고, 이기적이지 않은 존재라고 생각하는 분이 있다면 아기들을 좀 더 자세히 살펴보실 필요가 있습니다. 죄란 인간과 함께 엮여 있는 사슬, 우리의 일부입니다. 우리는 모두 나를 중심으로 온 세상을 재편하는 성향을 타고났습니다. 이후 이어지는 무수한 잘못들, 크고 작은 죄들은 이 죄에서 기인한 결과들일 뿐입니다.

그러므로 죄는 개인적일 뿐 아니라 사회적입니다. 개신교는 주로 개인이 사적인 영역에서 저지르는 죄들에만 초점을 맞추는 잘못을 범해 왔습니다. 그래서 음주, 흡연, 악담 같은 죄에는 주목하면서도 사회와 집단에 만연한 죄(인종차별, 국가주의, 성차별)에는 눈을 감곤 했습니다. 하지만 구원이 공동체적인 경험인 것만큼이나 (이에 관해서는 다음 장에서 좀 더 자세히 살펴보도록 하겠습니다) 우리의 죄 역시 공동체적입니다. 그리고 때로는 공동체의 죄가 개인의 죄보다 더 미묘하고 교활하기도 합니다. 개인이 저지르는 죄에만 골몰한 나머지 사회가 저지르는 죄에는 눈을 감는 모습은 그 자체로 우리 모두가 죄인임을 알려주는 증거인지도 모르겠습니다. 삶에서 개인의 죄와 공동체의 죄는 언제나 함께 엮여있으며, 서로 의존하고 서로 자라게 해 우리 안에 있는 주님의 형상을 가립니다.

세례를 받을 때 주님의 거룩한 형상은 재발견되고, 회복되며, 새롭게 됩니다. 세례를 받은 다음 물 밖으로 나올 때 우리는 새로운 피조물이 됩니다. 마법처럼 모든 게 새로워진다는 이야기가 아닙니다. 우리가 얼마나 극적인 변화를 겪었든, 얼마나 깊이 회개했든, 우리에게는 더 회개하고 더 내려놓아야 할 것이 있기 마련이며 주님께서 활동하실 수 있게 내어드려야 할 자리가 남아 있기 마련입니다. 언젠가 호레이스 부쉬넬Horace Bushnell은 "세례를 통해 새롭게 태어났다고 해서 자신이 더는 죄를 저지르지 않는다고 생각해서는 안 된다"고 이야기했습니다. 세례를 받고 나서도 우리는 개인의 영역에서나 사회적인 영역에서 죄를 짓게 될 것입니다. 죄는 우리 안에 너무도 단단하게 자리를 잡고 있어서, 아무리 선한 사람도 일생에 거쳐 죄를 씻어내는 과정을 거쳐야 하며 그렇게 변화되어야 합니다.

하지만 이 모든 사실을 받아들이는 동시에 우리는 세례를 통해 우리 안에서 결정적인, 그리고 근본적인 변화가 시작되었음을, 주님이 그 일을 시작하셨음을 받아들여야 합니다. 우리는 승리를 보장받았습니다. 이제는 결정적인 승리에 이은 2차 소탕 작업이 남아 있을 뿐입니다. 이와 관련해 바울은 "죄가 더는 우리에게 힘을 행사하지 못한다"고 말했습니다. 자신의 죄를 과도하게 염려하는 이들을 향해 칼뱅은 세례를 기억하며 우리를 깨끗하게 하는 그 힘을 기억함으로써 위로를 받으라고 권고합니다.

우리가 어느 때에 세례를 받았든, 우리의 전 생애는 영원히, 단번에, 씻김받았고, 정화되었습니다. 그러므로 우리가 종종 이탈하는 만큼, 우리는 우리의 세례를 기억하고 그 기억을 떠올려야 합니다. 그래서 우리의 죄가 사해졌음을 분명하고도 염려 없이, 안전하게 느껴야 합니다. (그리스도교 강요 4권 15장 3절 中)

루터와 칼뱅은 세례만이 죄를 다루는 유효한 수단이라 보았기에 중세 교회의 보속penance**을 경시했습니다. 일상 속에서 우리는 여전히 매일 크고 작은 잘못을 범하지만 주님께서는 세례를 통해 우리의 근본적인 죄를 씻어 주셨습니다. 이는 우리의 커다란 위로입니다. 그리고 이를 받아들이고 되새기는 것이야말로 올바른 참회입니다. 참회를 한다 해서 더는 잘못을 저지르지 않게 된다거나 그릇된 삶을 살지 않게 되는 것은 아닙니다. 여전히 우리는 죄를 짓습니다. 하지만 바울이 말했듯 우리는 더는 죄가 이끄는 대로 살지도, 숨지도, 변명하지도 않습니다.

그리스도교 신앙이 인간 본성에 대해 비관적일 수 있는 것은 우

** 보속이란 속죄贖罪라고 말할 수 있는데, 이는 지은 죄에 대하여 그 대가對價를 치르는 것, 죄에 해당하는 벌을 받음을 의미한다.

리가 본래 품고 나아가야 할 바를 회복시켜 주실 주님의 은총을 낙관하기 때문입니다. 죄는 더는 우리를 결정하지 못합니다. 세례를 받고 난 뒤 우리는 새로운 피조물이 됩니다. 정결한 삶, 새롭고도 깨끗한 삶이 되돌아왔고 우리는 이제 다시 시작할 수 있습니다. 우리는 더는 불안해하지 않습니다. 두려워하지도 않습니다. 이제는 숨을 쉴 수 있습니다. 우리는 자유를 얻었습니다.

IV

제 동료 존 버글랜드John Bergland에 따르면 노스캐롤라이나에 자리한 애비 칼리지에는 특별한 세례대가 하나 있다고 합니다. 이 세례대는 거대한 돌에 구멍을 뚫어 만들었는데 수백 년 전에는 흑인 노예들을 이 돌 위에 세워서 경매를 했다고 합니다. 그 돌을 이제는 세례대로 쓰게 된 것입니다. 우리를 깨끗하게 씻어 줄 물을 향해 나아가는 이들이 볼 수 있도록 세례대 기념 명판에는 이런 글이 새겨져 있다고 합니다.

과거에 이 돌 위에 섰던 이
노예로 팔려 갔으나
이제 이 돌 위에 선 이
세례를 받아 자유케 되리라.

정리해 보기

◇ 많은 사람이 '＿＿＿＿＿'라는 말이 지나치게 우리를 정죄하는 말이라는 인상을 받게 되었습니다. (89쪽)

◇ C. S. 루이스는 우리가 비참한 죄인이라는 증거는 우리 스스로 그러한 상태를 ＿＿＿＿＿하지도, ＿＿＿＿＿하지도 않는 데 있다고 말했습니다. (93쪽)

◇ 실수, 폭력, 거짓말, 교만, 편견, 부정 등등 우리가 현실에서 저지르는 ＿＿＿＿＿들은 핵심이 아닙니다. 우리 문제의 핵심은 바로 우리의 ＿＿＿＿＿입니다. 우리가 저지른 잘못들은 우리 ＿＿＿＿＿의 산물들일 뿐입니다. (95쪽)

◇ 세례를 받을 때 주님의 거룩한 ＿＿＿＿＿은 재발견되고, 회복되며, 새롭게 됩니다. 세례를 받은 다음 물 밖으로 나올 때 우리는 새로운 ＿＿＿＿＿이 됩니다. (105쪽)

생각해 보기

◇ 세례대가 교회 어디에 위치하고 있는지, 없다면 어디에 위치하면 좋을지 생각해 봅시다.

◇ 5장 내용에 비추어 죄와 세례의 관계에 대해 이야기 나눠 봅시다.

◇ 당신이 '죄인'이라고 생각이 들었을 때는 언제입니까? 또

한 당신이 주님께 용서받았다고 생각한 때는 언제입니까?

◇ 이 장을 읽고 죄에 대한 생각이 바뀌었습니까? 그렇다면 어떤 점이 바뀌었습니까?

◇ 지금 나는 내 삶에 변화가 필요하다고 생각합니까?

읽기 전 생각해 보기

- 교회란 무엇입니까? 교회의 구성원은 누구입니까?
  교회가 '그리스도의 몸'이란 것이 무엇을 의미하는지 각자 생각을 나누
  어 봅시다.

제6장

가족이 된 우리

우리가 아직 약할 때에, 그리스도께서는 제 때에,
경건하지 않은 사람을 위하여 죽으셨습니다.

- 로마서 5장 6절 -

오늘날 가장 대중적이고도 거대한 이단은 '종교란 사적인 것'이
라는 주장입니다. 통상 우리는 인간이 '종교적'이라 말하지만 지난
수년간 시행된 여론조사에서는 이와 사뭇 다른 결과가 나왔습니
다. 대다수가 신을 믿는다고 대답했지만, 이들 중에 특정 종교 공
동체에 소속되어 있다고 답한 이들은 절반밖에 되지 않았으니까
요. 근래 갤럽 조사에 따르면 "사람들은 어느 때보다 종교적입니

다. 그러나 교회나 종교 조직에 관심을 두고 있지는 않습니다. 즉 사람들은 무언가를 믿지만 참여하지는 않습니다".

어떤 형태가 없는 신성에 대한 우리의 모호하고 희미한 느낌을 '종교'라 부른다면, 우리는 '종교적'인 시대를 살고 있다고 할 수도 있습니다. 자신이 믿는 바에 '헌신'도 '참여'도 하지 않는 '신자'가 무엇을 뜻하는지는 불분명하지만 말입니다. 어쨌든 이는 역사 속에서 그리스도교 신앙이 정의하는 '그리스도인'이 아님이 분명합니다. 그리스도교 신앙은 일련의 고결한 생각이나 고매한 제안, 올바르고 선한 행동으로 사람들을 이끄는 윤리 체계가 아니라 그리스도 아래 거룩한 성도들과 함께 살아가고 일치를 이루려 애쓰는 삶의 방식입니다.

예수께서는 이 땅에서 설교하고, 가르치고, 치유하고, 행동하셨을 뿐 아니라 공동체를 만드셨습니다. 그분은 가장 제자가 될 것 같지 않은 이들을 한데 모으셨습니다. 그들은 가족이 되었습니다. 진영 싸움을 벌이는 고린도 교회를 향해 바울은 이야기했습니다. 교회는 이 땅에 주님께서 함께하고 계심을 드러내는 곳이며 그리스도 안에서 모든 그리스도인은 한 몸이라고 말입니다. 우리가 이를 선호하든 선호하지 않든 그분은 그러한 형태로 세상에 자신을 드러내기로 선택하셨습니다. '그리스도의 몸'에 속하지 않은 채 '그리스도 안'에 있을 수는 없습니다. 홀로 있는 그리스도인 같은 것은 없습니다. 방송통신대 과정을 밟아 학사 학위를 받듯 혼자 구원을 받고 신앙생활을 하기란 불가능합니다. 신앙생활은 아늑한 거실에서 텔레비전으로 복음주의자들의 신앙 이야기를 듣는 것이 아닙니다. 교회를 모르면서 교회의 주인을 알 수는 없습니다. 그리고 그 주인을 모르면서 아버지를 알 수는 없습니다. 세례는 바로 그 교회에 들어서는 문입니다.

구원은 공동체의 산물이며 공동체적으로 받는 선물입니다. 세례는 처음부터 끝까지 이를 상기시킵니다. 세례는 '종교란 사적인 것'이라고 말하는 이단적인 주장에 맞서고, '스스로 모든 것을 해내는 인간'이라는 신성모독에 대항합니다. 그렇게 세례는 우리의 구원이 처음부터 끝까지 교회라는 터와 함께 이루어지는, 사회 구조와 연관된, 공동체적 사건임을 일깨웁니다.

II

신약성경에서 세례는 (그리스도인의 삶이 그렇듯) 개인을 향해 베풀어졌지만, 한편으로는 공동체적인 차원에서 이루어졌습니다. 신약 곳곳에서 개인이 세례를 받는 기록(행 8:13,38, 고전 1:14)에는 공동체가 세례를 받는 기록(행 8:12, 10:48, 고전 1:16)이 함께 나오는 경우가 많습니다. 그리고 세례의 의미를 설명하는 대목에서는 예외 없이 '많은'이라는 수식어가 붙고 복수형이 쓰였습니다. 바울이 세례를 말할 때도 언제나 복수 대명사(우리, 너희)를 사용합니다. 이렇게 세례를 보고하는 방식을 통해 우리는 그리스도인의 새로움, 그리스도 안에서 새로워진 삶을 가늠해 볼 수 있습니다. 구약에서 성령은 특정 개인에게만 임했습니다. 하지만 오순절(교회가 탄생한 날) 새로운 사건이 일어납니다. "삼천여 명"이 세례를 받고 성령을 받아 "성령의 교제"를 나누게 된 것입니다(행 2:41). 성령은 군중이 받은 세례가 유효하다고 말합니다. 즉 그 모임은 주님의 '교회'로 인정을 받습니다. 이것이 오순절 이야기의 절정입니다. 이후 그들은 사도들의 가르침에 몰두하며 서로 사귀는 일과, 빵을 떼는 일, 기도에 힘을 쏟습니다(행 2:42).[*]

교회는 사교 모임이 아닙니다. 서로 뜻이 맞고 성향이 비슷한 이들끼리 모이는 모임, 사회-경제적 지위가 비슷한 이들끼리 관심사를 주고받고 길러주는 폐쇄적인 모임, 끼리끼리 모이는 친목회가 아닙니다. 교회는 헐겁고 무해한 신학적 '다원주의'나 '진정으로 믿기만 하면 무엇을 믿어도 좋다'는 심심한 주장을 내세우지 않습니다. 교회는 우리가 이끌고, 만들어 가는 곳이 아닙니다. 교회는 세례를 통해 주님께서 만들고, 이끌어 가시는 공동체입니다. 서로 다투고 있는 고린도 교회 신자들을 향해 바울은 이야기합니다. 우리 "모두 한 성령으로 세례를 받아서 한 몸이 되"었다고 말이지요(고전 12:13). 또한 그는 에베소 교회에 있는 신자들에게 보낸 편지에서 이렇게 말합니다.

그리스도의 몸도 하나요, 성령도 하나입니다.
이와 같이 여러분도 부르심을 받았을 때에
그 부르심의 목표인 소망도 하나였습니다.
주님도 한 분이시요, 믿음도 하나요, 세례도 하나입니다.

---

[*] "그의 말을 받아들인 사람들은 세례를 받았다. 이렇게 해서, 그날에 신도의 수가 약 삼천 명이나 늘어났다. 그들은 사도들의 가르침에 몰두하며, 서로 사귀는 일과 빵을 떼는 일과 기도에 힘썼다." (행 2:41~42)

만민의 아버지는 한 분이십니다.

그분은 만물 위에 계시고 만물을 꿰뚫어 계시며

만물 안에 계십니다. (엡 4:4~6)

교회의 일치는 선물입니다. 우리는 스스로 이를 성취할 수 없습니다. '은총' 외에 다른 무엇이 이렇게나 서로 다른 사람들을 함께 모이게 할 수 있습니까? 다른 무엇으로 이러한 현상을 설명할 수 있겠습니까?

교회의 일원이 되었다는 것은 '물과 말씀'으로 태어난 기이한 집단의 구성원이 되었음을, 그들과 함께 가족이 되었음을 뜻합니다. 그리고 여느 가족이 그렇듯 가족 구성원이 되기 위해서는 '가입'을 하지는 않습니다. 가족의 일원이 되려면 '입양' 절차를 밟아야 합니다. 교회의 구성원이 되는 것은 그저 '종교적'인 사람들의 모임에 자발적으로 가입하는 것이 아닙니다. 이러한 맥락에서는 교회에 가입한다는 말뿐만 아니라 교회를 '선택'한다는 말 또한 적절치 않습니다. 자기 부모를 선택하는 자녀는 없습니다. 부모가 자녀를 갖기로 결단하고 자녀를 잉태합니다. 어머니 교회의 자녀가 되는 일도 이와 같습니다.

매우 이른 시기부터 그리스도인들은 자신들이 받은 구원을 표현할 때 '입양'이라는 말을 썼습니다. 교회의 일원이 되어 그리스도의 이름으로 새로운 삶을 시작하는 예식으로서 세례는 입양에 견줄 수 있습니다. 우리가 전능하신 주님의 '상속자'가 되는 일이기 때문이지요.

아버지께서 우리에게 얼마나 큰 사랑을 베푸셨는지를 생각해 보십시오. 주님께서 우리를 자기의 자녀라 일컬어 주셨으니 우리는 그분의 자녀입니다. (요1 3:1)

III

세례는 주님의 가족으로 입양되는 것입니다. 구원은 선물입니다. 그리고 이러한 특성들을 유아세례만큼 분명히 드러내는 예식은 없습니다. 초대교회는 성인에게만 세례를 주었던 것으로 보이나(사도들이 선교지에서 회심한 성인들에게 세례를 베풀었기 때문입니다) 3세기 무렵, 그 초엽부터 그리스도인인 부모가 자녀에게 세례를 받도록 하는 일이 널리 퍼졌습니다. 구원을 개인의 성취, 우리가 한 일, 우리의 결단, 우리의 믿음에 따른 결과로 여기는 이들 눈에 유아세례란 무의미해 보일 것입니다. 당연히 아기는 옳은 행동을 할 줄도 모르고, 결단을 내릴 수도 없으며 반듯한 믿음을 고백하지도 못하니까요. 작고 무력한 데다 의존적인 아기만큼 성취와는 거리가 먼 존재도 없을 것입니다. 아기야 그저 살아남기 위해 몸부림칠 뿐이지요. 하지만 구원이 본래 선물이라면, 우리에게 자격이 있거나 성취하거나 얻어내는 것이 아닌 공동체에 수여되는 무언가라면, 이를 받아들이는 공동체는 어디든 유아세례가 가능해질 것입니다. 선물을 받기 위해 요구되는 유일한 조건은 '받는 이'가 되는 것뿐입니다. 도움을 받으려면 우리가 도움을 받아야 할 사람임을, 그만큼 무력함을 인정해야 합니다. 그 외에 다른 조건은 없습니다. 그리고 아기만큼 이에 걸맞은 존재는 없습니다.

교회가 아기에게 세례를 줄 때, 우리는 이 6개월 난 아기가 우리와 같음을, 혹은 주님과의 관계를 고려해 볼 때 이 아기에게서 성장의 가능성을 본다고 말하고 있는 셈입니다. 우리가 할 수 없는 것을 우리는 주님께, 주님의 교회에 의존합니다. 이를 우리는 멈출 수 없습니다. 3장에서 이야기했듯 우리가 주님을 택한 것이 아니라 주님께서 우리를 택하셨습니다. 우리를 사랑하시고 선택하시고 양자 삼으시고 집으로 이끄시는 그분의 사랑에 의지하지 않아도 될 만큼 성숙하고 강하고 사랑을 할 수 있는 사람은 결코 없습니다. 인간이 선한 행동을 하면 구원을 받을 수 있다고 하는 이들을 향해 바울은 이야기합니다.

> 우리가 아직 약할 때에, 그리스도께서는 제 때에, 경건하지 않은 사람을 위하여 죽으셨습니다. (롬 5:6)

바울이 하는 말은 아마 이렇게 풀어볼 수도 있을 것입니다.

> 우리가 아직 아기였을 때, 그토록 무력하고 약하고 의존적이고 사랑에 굶주렸을 때, 그리스도께서 우리를 위해 죽으셨습니다.

성경은 주님께서는 언제나 약하고 무력한 이들을 찾으셨고 그들을 구원하셨다고 기록합니다. 자신이 강하다고 생각하는 이들, 자신이 스스로 잘하고 있다고 생각하는 이들은 구원자가 필요 없으므로 구원자를 만나지도 못합니다. 유아세례를 하는 이유는 아기가 우리보다 나은 존재라서가 아닙니다. 하지만 어른보다 아이가 나은 점이 하나 있다면 그것은 자신의 한계, 자기 스스로 자신을 구원할 능력이 없다는 사실을 헷갈리지 않는다는 점일 것입니다. 예수께서 당신의 나라가 어린아이들의 것이라 말씀하신 이유도 이 때문이 아닐까요. 누가 아이보다 약할 수 있겠습니까. 그런 아이보다 주님의 사랑을 받기에 적합한 이, 세례를 받기에 적합한 이가 어디 있겠습니까.

그리스도인 부모가 자녀에게 세례를 받게 하는 일을 정당화할 수 있는 근거는 두 가지입니다. 하나는 주님의 은총의 속성을 우리가 믿기 때문이고, 다른 하나는 그러한 주님의 은총으로 우리가 신앙을 갖게 된다는 것을 믿기 때문입니다. 앞서 이야기했듯 그리스도 안에서 주어지는 새로운 삶은 선물입니다. 우리는 모두 값없이 이 선물을 받습니다. 세례는 이 선물을 받는 통로이자 징표입니다. 선물은 선물의 의미를 이해한 이에게만 주어지지 않습니다. 그렇다면 은총은 은총이 아니게 될 테니까요. 주님께서는 당신의 구원 활동과 세례를 엮으셨습니다. 주님께서 베푸시는 은총은 우리 모두에게 무상으로 주어집니다. 유아세례를 하지 않는 교회들은 종종 '아이가 세례의 의미를 알 때까지', '아이 스스로 믿음을 결단할 때까지' 기다린다고 말하곤 합니다. 하지만 우리의 성숙, 통찰력, 지식, 느낌은 구원의 선결 조건이 될 수 없습니다. 은총을 받기 전에 먼저 그 내용을 이해해야 한다거나 결단을 해야 한다고 말하는 것은 성경이 말하는 은총에 임의로 조건을 덧붙이는 것과 다름없습니다. 더 나아가서는 주님의 은총과 우리의 이해, 감정, 결단을 나란히 놓고 이를 은총의 대용품으로 삼는 것일 수도 있습니다. 이렇게 되면 은총은 선물이 아니게 됩니다.

어떤 예식을 행하면 기계적으로 우리 구원을 보장받을 수 있다는 말이 아닙니다. 세례받는 이의 의향이 어떠하든 세례만 받으면 저절로 구원을 받게 된다는 이야기도 아닙니다. 부름을 받은 이들 모두가 그 부름에 응하는 것은 아닙니다. 세례 '자체'가 우리 '구원'을 보증하지는 않습니다. 세례가 보증하는 것은 우리의 전 생애, 이 세상에 태어나 이 세상을 떠날 때까지, 처음부터 끝까지 십자가의 징표 아래, 주님의 약속 아래 있게 되리라는 것입니다. 주님은 우리가 회복되기를 열망하십니다. 그리고 이러한 열망에서 나오는 은총은 우리를 몰아치기를 멈추지 않습니다. 아기일 적 세례를 받던 때 우리에게 다가오신 주님은 온 생애를 통해 우리에게로 더욱 가까이 다가오십니다.

물론 우리는 이 선물을 거절할 수 있으며, 잃어버릴 수도 있습니다. 우리에게는 주님께서 창조하신 뜻을 따라 살지 않을 자유, 참된 우리 자신이 되지 않을 자유가 있습니다. 주님이 아닌 세상의 부름에 응하고, 세상의 징조에 묶여 살아가면서 (탕자가 그랬듯) '먼 나라'를 헤맬 자유, 주님의 은총으로 살기보다 자신의 힘으로 살 자유가 있습니다. 현실은 그러하며 언제나 그러할 가능성이 큽니다. 그러나 세례는 이보다 더욱 위대한 가능성을 드러냅니다.

주님의 은총은 끝없이 현실 속 우리와 다투면서 끝내 우리를 집으로 인도하려 우리를 추동합니다. 은총은 가능성입니다. 옛 노래 가사처럼 "은총은 우리를 집으로" 이끕니다. 자기를 개발하고, 자기 힘으로 살아가며, 성취를 지향하는 사회 속에서 은총은 늘 경이롭게 나타날 것입니다.

그러므로 아기가 세례를 받아도 되느냐는 질문은 근본적으로 주님의 은총과 구원이 정말 무상으로 주어지는지 그토록 분수에 넘칠 정도로 큰지, 그토록 위대한지를 묻는 것입니다. 그러한 면에서 유아세례를 할 때마다 우리는 온 세상을 향해 '주님의 은총이면 충분하다'는 선언을 하고 있다고도 할 수 있습니다. 이 은총이 우리 모두를 향해 거저 주어집니다.

물론 유아세례를 문제시하는 이들이 은총을 문제 삼지는 않습니다. 그들은 세례를 받는 이에게는 '믿음'이 있어야 한다고, 그렇게 성경이 말하고 있다고 말할 뿐이지요. 여기서 믿음은 세례의 선결 조건입니다. 성경에도 "믿고 세례를 받는 사람은 구원을 얻을 것이요, 믿지 않는 사람은 정죄를 받을 것이다"(막 16:16) 같은 구절이 있습니다. 그렇다면 이러한 구절을 받아들이면서도 유아세례를 어떻게 함께 옹호할 수 있을까요? 아이는 믿을 수 없는데, 어떻게 아이가 세례를 받을 수 있을까요?

단순한 질문처럼 보이지만 실은 그리 단순한 문제가 아닙니다. 신약성경에서 믿음은 주님께서 주시는 선물입니다. 주님께서 창조하시는 것이지 우리가 성취하는 것이 아닙니다. 믿음은 주님의 은총을 받는 자격 혹은 조건이 아닙니다. 믿음은 구원을 받기 위해 인간이 치러야 할 몫이 아닙니다. 신약성경은 반복해서 '신앙'의 반대말이 '공로'라고 이야기합니다(롬 3:27, 갈 2:16, 딛 3:5~7). 믿음의 일, 신뢰, 십일조, 느낌, 결단, 이해, 혹은 다른 인간에게서 기인한 반응에 대해 우리가 어떻게 이야기하든 이는 믿음과 거의 관련이 없습니다.

믿음은 그 자체로 주님께서 주시는 선물입니다. 주님께서 우리를 붙잡으셨을 때 일어나는 것이지, 우리가 암중모색하다 붙잡게 되는 것이 아닙니다. 우리가 주님을 붙드는 것을 믿음으로 이해하면 그러한 믿음은 어른의 전유물일 것이며, 따라서 어른만 세례를 받을 수 있을 것입니다. 하지만 믿음이 주님께서 주시는 선물을 받는 것이라면, 아이도 그 선물을 받을 수 있는 명단에 들 수 있을 것입니다.

『세례의 복음』The Gospel of Baptism에서 리처드 정쿤츠Richard Jungkuntz는 이와 같은 믿음의 속성(선물로서의 믿음)을 이해하도록 돕는 비유를 제시합니다.** 그에 따르면 믿음은 어두운 방을 비추는 빛과 같습니다. 이때 어둠은 그저 빛을 '받을' 뿐 별다른 일을 하지 않습니다. 달리 말하면 어둠은 빛에 기여한 바가 전혀 없습니다. 그러나 빛을 비추면 방은 극적으로 달라지고 이전과는 전혀 다른 방(빛이 가득한 방)이 됩니다. 빛이 없는 어둠은 그저 어둠일 뿐입니다. 그러나 빛이 임하면 어둠은 변화합니다. 한때는 어둠이었으나 빛으로 어둠은 밝아지게 됩니다.

그에게서 생명을 얻었으니, 그 생명은 사람의 빛이었다.
그 빛이 어둠 속에서 비치니,

** 해당 책은 한국에 소개되었다. 『세례의 복음』(컨콜디아사)

어둠이 그 빛을 이기지 못하였다. …

그러나 그를 맞아들인 사람들, 곧 그 이름을 믿는 사람들에게는

주님의 자녀가 되는 특권을 주셨다. (요 1:4,5,12)

믿음은 수용적입니다. 믿음의 기능은 '받는' 데 있습니다. 이때 받음은 현대 복음주의권에서 내세우는 '받아들임'과 정확하게 일치하지는 않습니다. 믿음은 우리가 그리스도를 '받아들여서' 얻게 되는 것이 아닙니다. 오히려 거룩한 아버지께서 그리스도 안에서, 그리스도를 통해 우리를 받아들이십니다. 우리는 그분께서 우리를 받아들이셨다는 사실을 받습니다. 다시 말해, 삶이 우리에게 선물로 주어졌듯 믿음도 그렇게 주어집니다. 지금 이 삶 자체가 피어나기 위해 우리가 한 일이 없듯이 저 풍요롭고도 영원한 생명을 얻는 과정에서 우리가 한 일은 아무것도 없습니다. 우리는 그저 저 생명을 받을 뿐입니다. 그리고 저 생명을 살아갑니다. 신앙도 이와 같습니다.

주님께서 주시는 새로운 생명을 받아 죽음은 극복될 것입니다. 그 생명을 알고 느끼고 이해하게 됨으로써, 삶으로 우리는 이에 응답하게 될 것입니다. 이러한 맥락에서 신약성경은 신앙을 이야기하며 '열매'라는 표현을 씁니다. 신앙에는 믿음, 신뢰, 지식, 순종, 기쁨, 사랑과 같은 '신앙의 열매'가 열리게 되어 있습니다. 하지만 신앙과 그 열매를 동일시해서는 안 됩니다. 열매들은 신앙을 드러내는 증거이자 결과입니다.

신앙과 세례의 관계를 이해하는 데 도움이 될 만한 비유 하나를

더 들어보겠습니다. 앞에서 이야기했듯 신약성경에서는 구원과 세례(구원의 수단이자 징표로서 세례)를 입양에 비유합니다. 부모가 아이를 입양해도 그 순간 아이는 자신이 입양되었음을 깨닫지는 못합니다. 게다가 그 문제에 관한 한 아이에게는 선택권이 없습니다. 하지만 일단 입양이 완료되면 아이가 알든 모르든 아이는 그 부모의 자녀가 됩니다. 그렇게 아이의 신분은 변화합니다. 아이는 자라면서 점점 자신의 부모를, 또 자녀라는 자신의 지위를 받아들이게 됩니다. 믿음이란 그저 그 지위를 받는 것입니다. 아이가 그 지위를 '받아들여서' 자녀가 되는 것이 아닙니다. 마찬가지로 우리의 믿음이 우리를 주님의 자녀로 만들어 주지는 않습니다. 우리는 세례를 통해 일어난 구원 사건(입양과 같은 사건)으로 주님의 자녀가 됩니다. 우리는 이 새 신분을 받을 수도(이를 신앙이라 합니다), 거절할 수도 있습니다(이를 불신이라 합니다).

한 걸음 더 나아가 볼까요. 입양된 아이가 혹 부모의 말을 잘 안들으면 어떻게 될까요? 부모는 그 아이를 어떻게 대할까요? 아이를 집에서 내쫓아 버릴까요? 그러지 않을 것입니다. 이로 인해 이관계에 풀어야 할 숙제가 생길 수는 있지만 관계가 끝날 수는 없습니다. 부모는 계속 아이를 사랑하며 훈육하고 오래 근심할지라도 관계를 회복하려 애쓸 것입니다. 부모란 그런 존재입니다. 하늘 아버지도 마찬가지입니다. 세례를 통해 일단 우리를 자녀로 삼으시면 우리가 이후 그분을 거역하더라도 아버지는 우리를 내쫓지 않으십니다. 우리에게 다가오시고 우리를 찾아낼 때까지 우리를 찾으십니다. 부서진 곳을 고치십니다. 세례를 통해 우리를 부르시고 자녀로 입양하신 그분은 우리를 그리 쉽게 버리지 않으십니다.

채드 데이비스Chad David라는 제 친구가 들려준 이야기입니다. 이 친구는 제가 사는 주에 있는 교도소에 정기적으로 방문하는데 매일 같이 감옥에 갇힌 아들을 찾아오는 한 아버지가 있다고 합니다. 아버지는 매일 면회 신청을 하지만 아들은 아버지를 만나주지 않았습니다. 매번 거절하는 아들을 만나러, 매일 거절 당하는 것을 감내하며 교도소에 가는 아버지의 모습을 교도소에 갈 때마다 보았다고 제 친구는 말했습니다. 아무리 아들이 거부해도 아버지는 매일 그곳에 갔다가 돌아오기를 반복했다고 합니다. 언젠가는 아들이 자신을 만나 주기를 바라면서요. 우리 주님도 이 아버지와 같습니다. 사실 그보다 더하시지요.

IV

오늘날 유아세례는 한편 '마구잡이식 세례'(제가 만든 표현입니다)로 인해 진통을 겪고 있습니다. 그리스도인 부모는 아이가 세례를 받게 할 자유가 있지만 책임지고 아이를 신앙으로 양육하려 하지 않는데도 세례를 받게 할 자유는 없습니다. 그럴 바에 행인에게 물을 뿌리듯 본인들이 아이에게 물을 뿌려 세례를 주는 게 낫습니다. 그런 세례는 마법이 될 수 있을지는 몰라도 은총이 될 수는 없습니다. 아이를 위해, 그 아이의 신앙을 지지해 줄 이가 없고, 자라나는 아이에게 복음을 선포해주겠다고 약속하는 이가 없고, 주님의 은총을 전해줄 이가 그 자리에 함께하지 못한다면, 그렇게 책임을 지고 아이를 양육할 교회나 부모가 생길 때까지는 세례를 연기하는 편이 좋을 것입니다. 아이가 세례를 받기 부적절하기에 그런 것이 아닙니다. 교회가 충분히 신실하지 못하기 때문입니다.

아이를 양육할 부모, 교회, 환경이 부재한 상태에서 행하는 유아세례란 조롱거리일 뿐입니다. 세례는 선물이지만 주님께서 주시는 이 은총의 선물에는 선물을 전할 도구가 필요합니다. 회심과 양육은 오랜 시간(평생)에 걸쳐 일어나며, 세례는 그리스도 안에서 태어난 그들을 일생에 걸쳐 돕는 신앙 공동체가 있을 때 가장 효과적으로 작동합니다. 교회 공동체가 함께 하지 않는 '사적 세례'는 축하해 줄 손님 하나 없는 생일잔치만큼이나 공허합니다. 홀로 받는 세례 같은 것은 없습니다. 세례식에 교회와 교인 모두가 함께 참여하는 것은 '그렇게 되면 좋은' 사항이 아닙니다. 이는 세례의 필수 요건입니다. 그러한 면에서 최근 세례 예식에 회중이 참여하는 비중을 늘리고 있는 모습은 다행스러운 일입니다.

세례를 베풀라는 명령, 세례를 행해야 할 짐은 '교회'에 주어졌습니다. 모든 사람을 제자 삼아야 할 책무는 '우리'에게 주어졌습니다. 세례를 베푸는 이인 교회는 주님의 사랑을 선포할 책임이 있습니다. 이 짐은 가장 복된 일입니다. 우리가 주님께 제자 삼으라는 명령을 받은 것은 그리스도인이 갖는 자부심의 원천입니다. 우리가 교회 안에 있음은 결국 주님께서 우리에게 주신 선물을 이웃에게 주기 위함입니다. 우리의 소명은 이것이고, 교회로 부름받은 이유도 이 때문입니다. 그러한 면에서 세례는 세례받는 이가 교회의 일부가 되는 예식일 뿐 아니라 교회로 하여금 교회가 무엇이며 무엇을 해야 하는지를 끊임없이 상기시켜 주는 예식입니다.

근본적인 의미에서 세례는 '바치는' 예식입니다. 하지만 그 '바침'은 사람들이 일반적으로 말하는 '바침'과는 의미가 다릅니다. 세례식에서 바치는 것은 '자녀'만이 아닙니다. 세례 예식을 통하여 부모들은 주님께서 자녀들에게 자신을 바치셨음을 깨닫게 됩니다. 또한 교회와 부모도 아이가 세례를 받을 때 자신을 바칩니다. 우리는 모두 주님의 사랑의 은총을 전하는 도구가 되도록 자신을 바쳐 이 사랑스러운 아이가 은총 안에서 자라가도록 돕습니다.

그리스도인들이 받는 모든 교육, 헌신, 아이와 함께 드리는 예배, 청년 목회, 설교, 견진, 부름, 애찬, 결혼식, 장례식 그리고 성찬 모두 세례에 바탕을 둔 활동의 일부입니다. 이 모든 것이 교회가 베푸는 선물의 일부지요. 아이들이 그 자리에 포함되어야 하는 이유, 그곳에 온전히 함께하며 교회 생활 전반(특히 교회에서 드리는 예배)에 온전히 함께하고, 참여해야 하는 이유도 이 때문입니다. 우리는 태어나면서 한 가족의 일원이 된다는 것이 무엇인지를 배웁니다. 가족의 기풍을 익힙니다. 가족에게 지지받고, 가족을 지지한다는 것이 무엇인지를 배웁니다. 가족의 일원으로서 책임을 지고 식탁에서 함께 식사를 나누며 사랑하고 또 사랑받습니다. 주님의 가족도 마찬가지입니다. 우리는 이 가족에 참여하고, 가족 안에서 경험을 쌓으면서 가족의 구성원이 되어 갑니다. 아이도 마찬가지겠지요.

전에 다른 성직자가 세례 주는 일을 옆에서 도운 적이 있습니다. 두 사람이 세례를 받았는데 한 사람은 단기간에 회심한, 막 서른이 된 남성이었고 다른 한 사람은 교회에서 활발하게 활동 중인 부모를 둔, 3개월 난 여자아이였습니다. 집전자는 먼저 아기에게 세례를 주었습니다. 그는 아이를 안고 말했습니다.

> 메리, 이 시간 당신에게 세례를 줍니다. 당신은 이제 우리 중 하나가 되었습니다. 당신을 교회 안으로 받아들입니다. 주님은 당신을 사랑하시고 당신을 향한 위대한 계획을 갖고 계십니다. 하지만 그 일을 이루려면 이 이야기를 전해주고, 수시로 당신이 누구인지 상기시켜 주고, 주님의 가족 안에 머무르게 해 줄 이들이, 우리가 있어야 합니다. 우리 공동체는 우리 중 특별히 한 명을 지명하여 당신을 인도해주고, 신앙 안에서 자라가는 모습을 지켜봐 주도록 할 것입니다. 그리스도 안에서 우리는 모두 당신을 자매로 받기로 서약합니다.

그러고는 남성에게 세례를 주었습니다.

> 톰, 이 시간 당신에게 세례를 줍니다. 당신은 이제 우리 중 하나가 되었습니다. 당신을 교회 안으로 받아들입니다. 주님은 당신을 사랑하시고 당신을 향한 위대한 계획을 갖고 계십니다. 하지만 그 일을 이루려면 이 이야기를 전해주고, 수시로 당신이 누구인지 상기시켜 주고, 주님의 가족 안에 머무르게 해 줄 이들이, 우리가 있어야 합니다. 우리 공동체는 우리 중 특별히 한 명을 지명하여 당신을 인도해주고, 신앙 안에서 자라가는 모습을 지켜봐 주도록 할 것입니다. 그리스도 안에서 우리는 모두 당신을 형제

로 받기로 서약합니다.

세례를 통해 받는 약속, 세례를 베푸는 이들이 갖는 책임, 복음에 바탕을 둔 은총의 말들, 주님의 사랑이 담긴 활동, 일생에 걸쳐 이루어져야 할 응답, 그리스도인으로서 우리는 모두 이 모든 것을 받습니다. 그, 혹은 그녀가 몇 살에 세례를 받는지와 무관하게 말입니다. 몇 살에 은총의 물로 들어서게 되든, 우리 모두에게는 사랑이 필요합니다. 주님 안에서 가족 된 이들의 온기가 필요합니다. 갓 태어난 아이처럼 취약하고 의존적인 우리는 그렇게 어둠에서 빛으로, 홀로인 삶에서 공동체로 나옵니다.

정리해 보기

◇ '_____'에 속하지 않은 채 '_____'에 있을 수는 없습니다. 홀로 있는 그리스도인 같은 것은 없습니다. (112쪽)

◇ 교회의 일원이 되었다는 것은 '_____'으로 태어난 기이한 집단의 구성원이 되었음을, 그들과 함께 가족이 되었음을 뜻합니다. (115쪽)

◇ 신앙에는 _____, _____, _____,
_____, _____, _____과 같은 '신앙의
열매'가 열리게 되어 있습니다. (122쪽)

◇ 세례는 그리스도 안에서 태어난 그들을 일생에 걸쳐 돕
는 _____가 있을 때 가장 효과적으로 작동합니다.
교회 공동체가 함께 하지 않는 '_____'는 축하해 줄
손님 하나 없는 생일잔치만큼이나 공허합니다. (125쪽)

생각해 보기

◇ 6장 내용에 비추어 앞서 제시된 질문에 대한 답에 변화가
있습니까? 있다면 무엇인지 나누어 봅시다.

◇ "홀로 있는 그리스도인은 없다"라는 말에 동의하십니까?
동의한다면 그 이유는 무엇이고, 동의하지 않는다면 그
이유는 무엇입니까?

◇ 왜 저자는 세례가 단지 개인의 것이 아니라 공동체의 것
이라고 이야기하고 있습니까?

◇ 왜 저자는 교회는 가입하는 것이 아니라 입양되는 것이라
고 이야기하고 있습니까?

◇ 왜 저자는 아기만큼 세례받기에 걸맞는 존재는 없다고 말
합니까?

읽기 전 생각해 보기

- 성령 세례에 대해 들어본 적이 있습니까?

- 성령을 받았다는 것이 어떤 식으로 드러난다고 생각합니까?

제7장

성령을 받음

그리스도의 몸도 하나요, 성령도 하나입니다. …
주님도 한 분이시요, 믿음도 하나요, 세례도 하나요,
거룩하신 아버지도 한 분이십니다.
그분은 모든 것의 아버지시요, 모든 것 위에 계시고
모든 것을 통하여 계시고 모든 것 안에 계시는 분이십니다.

- 에베소서 4장 4~6절 -

이사를 오게 되면서 옆집에 사는 이웃과 인사를 나누게 되었습니다. 제가 성직자라는 말을 듣자마자 그녀는 자신은 '은사'를 받았고, 성령 세례도 받았다고 말하더군요. 그래서 응했습니다.

"저도 그렇답니다."

제 말을 그녀는 미심쩍어했습니다. 이야기를 좀 더 나누니 그녀는 은사를 받았다는 제 말을 더욱 못 미더워하게 된 듯했습니다.

어느 날, 그녀가 불쑥 울타리 너머로 모습을 비치더니 가위로 저를 가리키며 말했습니다.

"당신을 위해 기도하고 있어요."

고맙다고 한 뒤 특별히 저의 어떤 부분을 위해 기도하고 있는지 물었습니다. 그녀는 이렇게 답하더군요.

"목사님이 성령의 은사를 받게 되기를 기도하고 있어요."

일단 고맙다고 말한 뒤 저는 그런 기도로 주님을 성가시게 할 필요는 없다고, 정말 감사하게도 주님께서 은총을 베푸셔서 저에게 성령을 주셨다고 이야기했습니다. 그녀는 제 대답을 의심스러워했습니다. 그리고 이렇게 묻더군요.

"그래요? 흥미롭군요. 언제 어떻게 성령을 받으셨나요?"

저는 답했습니다.

"제가 처음 성령을 받은 것은 갓 태어난 지 몇 개월이 안 된 시점이었습니다. 포레스터 목사님이 저를 팔에 안으시고 물을 부으시며 제가 성령을 받았다고 말해 주셨지요."

그녀는 쏘아붙였습니다.

"그건 성령 세례가 아니에요."

"글쎄요… 분명히 성령을 받았다고 말했는 걸요. 다른 사람들도 그렇게 말했고요. 혹 그때 받지 못했다면, 제가 10살 때쯤 허버트 목사님이 제 머리 위에 손을 얹고서는 제가 성령을 받았으니 이제 성령으로 살아가라고 말해주셨어요. … 이것으로도 부족하다면… 20대 중반 무렵에 목사 안수를 받으면서 성령을 받았으니 이제 나아가 복음을 선포하라는 선언을 들었습니다. 제가 성령의 은사를 제대로 못 쓰고 있을지도 모르고 (이런 이야기를 듣게 된다면 정말 안타까운 일이지만) 늘 성령을 따라 살지 못하고 있는지도 모르지만, 제가 성령을 받지 못했다고 말할 수는 없습니다. 확실히요.”

제가 한 모든 말이 '은사를 받은' 제 이웃을 당혹스럽게 한 것 같았습니다. 그녀는 경악스러워하며 고개를 젓고 분노에 차서 가위로 울타리를 자르며 탄식했습니다.

“오, 주여!”

신-오순절 운동Neo-Pentecostal Movement이 교회를 휩쓸던 이른바 '성령의 시대'Age of the Spirit에 성령이 임한 징후나 '방언의 은사'를 '성령 세례' 혹은 '두 번째 세례'라고 칭하는 흐름이 나타났습니다. 어떤 이들은 이러한 현상들과 세례 사이에 무슨 관계가 있는지 묻기 시작했습니다. 이러한 용어들은 교회가 전통적으로 갖고 있던 '세례'에 대한 이해에 이의를 제기했습니다. '두 번째 세례' 혹은 '성령 세례'라는 말은 교회에서 받는 세례가 주님께서 우리를 인도하시는 과정 중에 첫 번째 관문에 불과하다는 듯한 인상을 줍니다. '성령 세례'를 강조하는 이들은 세례란 다소 불완전한 시작점이라, 여기에 무언가 더해지고 첨가되어야 한다고, 진정한 구원을 받으려면 세례 외에 또 다른 조치가 필요하다고 보는 경향이 있습니다. 이러한 가정을 따르면 처음에 우리가 받은 세례는 '물의 세례'일 뿐, 이를 이후 받게 될, 더욱 강력한 '성령 세례'에 견주면 중요성이 떨어집니다. 같은 맥락에서 유아세례는 이후 일어날 좀 더 중요한 사건을 예비하는 외적 예식으로, 성직자와 교회가 주재하는 예식으로 격하됩니다. '성령 세례'를 강조하는 이들은 성령 세례는 '물의 세례'와 달리 그리스도께서 직접 행하시는 사건, 우리가 주님을 인격적으로 경험하게 되는 사건이라고 말합니다. 물의 세례는 교회에서 하는 예식일 뿐이고 성령 세례를 받을 때 비로소 우리는 인생이 바뀌는 경험을 하게 된다는 것이지요.

세례를 이런 식으로 생각하면, 성령 세례를 받은 사람은 물의 세례만 받았다고 자신이 간주하는 이를 향해 '너는 유치원생 그리스도인이고 나는 대학 졸업반 그리스도인이야'라는 식의 자부심을 품게 됩니다. 이들에게 세례란 예스럽고 그다지 중요하지 않은, 누군가를 '그리스도인'으로 만들어주기에는 턱없이 부족한 예식, 구원이라는 결과로 이어주지 못하는 유명무실한 예식, 이후 이어질 더 중요한 사건(더 진정한 회심, 성숙한 회심, 방언의 은사, 견진)의 전주곡, 어린 시절에 하는 통과 의례, 진정한 회심(복음주의적 회심)을 경험하고 이를 진술하는 의례에 불과합니다. 그렇다면 세례는 주님의 제자가 되는 예식일까요? 세례를 받으면 주님의 일을 하기에 적합한 자질을 갖추게 되는 것일까요? 아니면 또 다른 거룩한 사건이 일어나기를 기다려야 하는 것일까요? 신약성경은 은사주의자들이 말하듯 정말 두 종류의 세례를 말하고 있을까요? '물의 세례'와 '성령 세례'는 어떠한 관련이 있을까요?

II

실제로 신약성경은 두 가지 세례를 이야기합니다. 하나는 세례 요한이 베푼 그리스도 이전의 세례입니다. 이 세례는 회개의 징표로 우리를 깨끗하게 씻어주는 물의 세례입니다. 다른 하나는 예수의 세례로 주님께서 이곳에서 임하시고 활동하신다는 징표인 물과 성령의 세례입니다.

우리는 종종 세례 요한의 세례와 그리스도인의 세례를 혼동하곤 하기 때문에 여기서는 먼저 세례 요한의 세례를 간략하게나마 살펴보도록 하겠습니다. 요한은 구약성경에 나오는 전형적인 예언자의 모습을 하고 등장합니다. 신약성경은 세례 요한을 묘사하면서 이사야 40장에 나오는 "광야에서 주의 길을 예비하라고 외치는 자의 소리"라는 구절을 인용하고 있지요. 요한은 예언자처럼 옷을 입었고, 예언자처럼 먹었습니다. 이 기이한 예언자는 파국을 예고하며 사람들에게 경고했고, 가혹한 메시지를 전했습니다. 요한은 이후 오실 분을 예비한, 그분이 오실 길을 가리킨 그리스도 이전의 예언자였습니다.

"주가 오실 길을 예비"하라는 메시지는 곧 회개를 촉구하는 메시지였습니다. 요한의 세례에서 세례를 받는 사람은 '죄를 용서'받기 위해 '회개의 세례'를 받는 이, 메시아를 기다리는 활동의 주체입니다. 요한은 이 세례는 이어질 주님의 활동을 위한, 한시적으로 거쳐 가는 단계일 뿐이라고 말했습니다. 더 위대한 분이 오시면 그분은 다른 세례를 베푸실 것이라고, "나는 여러분에게 물로 세례를 주었지만, 그는 여러분에게 성령으로 세례를 주실 것"(막 1:8)이라고 말했지요. 요한의 세례는 더 위대한 세례를 위한 일종의 준비 과정이었습니다. 이와 달리 예수의 세례는 성령이 임하는 세례였습니다. 요한 또한 이 세례에서 활동의 주체는 인간이 아니라 성령이 될 것이라고 예고했습니다.

요단강 변에 나타나신 예수는 요한에게 세례를 받겠다고 하셨습니다. 그리고 예수가 요한에게 세례를 받는 그 자리에서 아주 중요한 사건이 일어납니다. 이때 세례의 주체는 요한에서 거룩하신 아버지로 바뀌더니 하늘이 열리고 성령이 비둘기같이 예수 위에 임합니다. 그리고 하늘에서 이런 소리가 울려 퍼집니다.

이는 내 사랑하는 아들이라. (마 3:17)

예수는 하늘 아버지께서 이곳에 함께 하신다는 징표입니다. 아버지의 영이 예수에게 머물러 있기 때문입니다. 성령은 예수가 누구인지를 온 세상에 증언합니다. 그렇게 예수의 세례는 성령의 증언을 위한 사건이 되었습니다. 요한복음은 예수가 받은 세례가 성령 세례였다고 분명하게 기록합니다.* 예수의 세례는 요한의 세례와 달리 오실 그분을 맞이하기 위해 우리가 준비하며, 회개하고, 스스로를 깨끗하게 하는 예식이 아니었습니다. 그분이 오셨기 때문입

---

* "요한이 또 증언하여 말하였다. '나는 성령이 비둘기같이 하늘에서 내려와서 이분 위에 머무는 것을 보았습니다. 나도 이분을 몰랐습니다. 그러나 나를 보내어 물로 세례를 주게 하신 분이 나에게 말씀하시기를, '성령이 어떤 사람 위에 내려와서 머무는 것을 보거든, 그가 바로 성령으로 세례를 주시는 분임을 알아라' 하셨습니다. 그런데 나는 그것을 보았습니다. 그래서 나는, 이분이 거룩하신 아버지의 아들이라고 증언하였습니다.'" (요 1:33~34)

니다. 주님의 나라가 이 자리에, "너희들 가운데", 예수 안에 임했습니다. 예수에게 세례를 준 이는 요한이 아니라 성령입니다.

이렇게 신약성경은 두 가지 세례를 이야기합니다. 하나는 그리스도 등장 이전의 세례, 다른 하나는 그리스도 등장 이후의 세례입니다. 요한의 세례와 '물의 세례'를 동일시하는 실수를 범하지 맙시다. 그러면 그리스도 등장 이후의 세례에 혼동이 일어나고 '성령세례'란 무언가 '물의 세례' 이후에 오는 세례이거나, 첫 번째 세례 이후 받게 되는 두 번째 세례라는 인상을 주게 되니 말이지요. 신약성경에서 이야기하는 그리스도교의 세례는 '물과 성령의 세례' 하나뿐입니다.

신약성경에서 '성령 세례'라는 표현은 단 한 번, 사도행전에서 부활하신 그리스도께서 제자들을 향해 예루살렘에서 기다리라고 말씀하시는 부분에 나옵니다.

> 요한은 물로 세례를 주었으나, 너희는 여러 날이 되지 않아서 성령으로 세례를 받을 것이다. (행 1:5)

이 약속은 사도행전 2장에 이르러 오순절에 성취됩니다. 제자들은 성령으로 충만해져서 다른 언어로 말하기 시작합니다. 이 모습을 보고 어떤 이들은 제자들이 술에 취했다고 생각했습니다. 베드로는 의아해하는 군중들을 향해 제자들의 기이한 행동을 명쾌하게 설명해 줍니다. 하늘 아버지께서 성령을 보내주시리라 약속하셨고 그 약속을 받은 예수가 마침내 제자들에게 성령을 부으신 것이라고요.**

　이야기가 여기서 끝났다면 1세대 제자들이 그랬듯 우리 또한 성령을 받을 때까지 인내하며 기다려야겠다고, 성령을 받은 증거는 방언으로 나타나리라고 생각할 수도 있습니다. 그리고 오늘날 오순절 계통 교회들은 그렇게 말합니다. 하지만 오순절 이야기는 방언을 받은 제자들 이야기에서 끝나지 않습니다. 이 이야기는 길에서 군중이 베드로의 설교에 깊이 감동해 묻는 장면으로 이어집니다. 군중이 묻습니다.

　우리가 구원을 얻으려면 무엇을 해야 합니까?

베드로는 단순하고도 직설적으로 여기에 답합니다.

　회개하고 예수 그리스도의 이름으로 모두 세례를 받고 죄를 용서

　받으십시오. (행 2:38)

언뜻 세례 요한이 했던 말과 비슷해 보이지만 베드로의 말은 요한의 말과는 다릅니다. 이어서 하는 말에서 그 다름이 분명하게 드러납니다.

** "이 예수를 거룩하신 아버지께서 살리셨습니다. 우리는 모두 이 일의 증인입니다. 아버지께서는 이 예수를 높이 올리셔서, 자기의 오른쪽에 앉히셨습니다. 그는 아버지로부터 약속하신 성령을 받아서 우리에게 부어 주셨습니다. 여러분은 지금 이 일을 보기도 하고 듣기도 하고 있는 것입니다." (행 2:32~33)

그리하면 성령을 선물로 받을 것입니다. 이 약속은 여러분과 여러분의 자녀와 또 멀리 떨어져 있는 모든 사람, 곧 우리 주님께서 부르시는 모든 사람에게 주신 것입니다. (행 2:39)

베드로는 1세대 제자들뿐 아니라 "여러분과 여러분의 자녀"에게도 성령을 주신다는 약속이 주어졌다고 말했습니다. 그리고 그 약속을 완성하는 수단으로 세례를 언급합니다. 그러므로 이 기록은 우리도 오순절 제자들이 했던 경험을 되풀이해야 한다는 이야기가 아닙니다. 우리는 이 기록을 통해 저 약속을 받은 "여러분과 여러분의 자녀" 중 하나로 있게 됩니다. 우리는 모두 구원을 위해 세례받아야 합니다. 예수의 이름으로 받는 그 세례가 성령으로 받는 세례입니다. 사도행전의 나머지 모든 부분에서도 '성령'은 '성령 세례'와 함께 언급되지 않고 '예수의 이름으로' 받는 세례와 함께 언급됩니다.

사도행전 18~19장에는 언뜻 이해하기 어려운 이야기가 기록되어 있습니다. 아볼로가 "요한의 세례밖에 알지 못"했다는 부분이 대표적입니다. 에베소인들도 '성령'에 관해서는 들어 본 일이 없다고 답합니다(행 19:2). 신약에서 '재세례'를 지지하는 유일한 근거도 아마 이 부분일 것입니다. 바울은 여기서 "예수의 이름으로" 이들에게 세례를 주어 성령을 받게 합니다. 이들이 "예수의 이름으로" 세례를 받지 않았기에 다시 그 이름으로 세례를 베푼 것입니다. 신약성경이 기록하는 그리스도인의 세례는 단 하나, 예수의 이름으로 받는 세례이며, 그것이 곧 성경이 말하는 '성령 세례'입니다. 사실 물과 성령을 연결하는 기록은 구약에도 나옵니다. 이사야는 말합니다.

> 내가 메마른 땅에 물을 주고 마른 땅에 시내가 흐르게 하듯이, 네
> 자손에게 내 영을 부어 주고, 네 후손에게 나의 복을 내리겠다.
> (사 44:3)

베드로는 요엘서의 예언 중 성령을 '부으시는' 상징을 택해 오순절 설교를 이어갑니다.

> 이 일은 주님께서 예언자 요엘을 시켜서 말씀하신 대로 된 것입
> 니다. "주님께서 말씀하신다. 마지막 날에 나는 내 영을 모든 사
> 람에게 부어 주겠다. … 그러나 주님의 이름을 부르는 사람은 구
> 원을 얻을 것이다." (행 2:16~17,21)

성령은 세례와 연결되어 있는 선물이지만, 이 선물은 기계적으로 주어지지 않습니다. 사도행전을 보아도 성령은 세례 직전에 수여되기도 하고(행 10:44), 세례 직후에 수여되기도 합니다(행 19:5~6). 때로는 세례 후 손을 얹는 행동이 성령과 연결되기도 하는데(행 8:14, 사실 몸에 물을 담그는 행위보다는 손을 얹는 행위가 성령의 은사와 더 긴밀한 상관관계가 있을 것입니다. 고대 유대인들은 누군가에게 역할을 위임하거나 그를 축복할 때 그런 행위를 했으니까요) 목욕이나 손을 얹는 행위 모두 세례적 활동임을 기억해야 합니다. 둘은 모두 한 예식을

이루는 일부입니다. 그렇게 생각할 때 세례를 가장 잘 이해할 수 있습니다. 이러한 면에서 손을 얹는 행동이 세례와 분리되고 세례와 견진이 분리된 것(중세 들어 일어난 변화입니다)은 안타까운 일이 아닐 수 없습니다. 이로 인해 세례라는 과정 안에 속한 다양한 행위들 사이의 관계(필수 불가결한 관계)가 흐려졌고 성령과 세례 사이에 괴리가 생겼기 때문입니다. 성경이 보증하지 않는 방향으로 변화한 것이지요.

III

하지만 그게 전부일까요. 그리스도인의 삶, 이 순례의 시작과 끝이 정말 세례일까요? 그렇다면 세례 이후 이어지는 경험, 이를테면 성령의 은사를 받고 방언을 말하고 (웨슬리가 그랬듯) '가슴이 뜨거워지는' 회심 체험은 다 무엇일까요? 그러한 경험들은 세례와 어떠한 관계가 있을까요? '세례 이후의 신앙 체험'은 세례의 효과와 의미(특히 유아세례)에 이의를 제기하는 것은 아닐까요?

어른이 되어 '가슴이 뜨거워지는' 회심 체험을 하고, 방언을 말하게 되고, 여타 인생이 뒤바뀌는 극적 사건을 만날 때, 우리 눈에 세례(특히 유아세례) 경험은 상대적으로 빛이 바래 보이고 무가치해 보입니다. 유아세례처럼 자신이 그 일을 겪었는지조차 알지 못하는 경험을 '성령 세례'처럼 강렬한 경험, '그리스도를 향해 결단'하게 되는 의식적인 경험과 어떻게 어깨를 나란히 할 수 있을까요?

앞에서 세례와 은총, 신앙에 관해 이야기한 내용을 다시 떠올려 봅시다. 세례는 주님께서 하시는 일이지 우리가 하는 일이 아닙니다. 구원은 주님께서 주신 선물이지 우리가 성취해서 얻어내는 것이 아닙니다. 은총은 선물이며 신앙도 그렇습니다. 세례를 통해 주님은 우리를 당신의 자녀로 삼으십니다. 그분께서 우리를 향해 다가오셔서, 우리를 붙드십니다. 그리고 그분께서 우리를 택하셨기에 우리는 하늘 아버지의 상속자이자 왕족이라는 새로운 정체성을 갖게 됩니다. 우리가 주님께 나아가서가 아니라 주님께서 우리를 향해 다가오셨고, 그렇게 우리가 나아와 세례를 받게 된 것입니다.

하지만 세례를 받는 것이 끝은 아닙니다. 세례는 주님과 함께 걷는, 평생에 걸친 순례의 시작이며, 평생 이어질 주님과 나누는 대화의 도입부일 뿐입니다. 지금까지는 암시하기만 했던 사실을 좀 더 분명하게 이야기해 보겠습니다. 세례는 한 번 행하면 끝나는 예식이 아닙니다. 세례는 평생에 걸쳐 이루어지는 회심 과정, 세례대에서 시작되어 우리가 죽는 날까지 끝나지 않는 성숙의 과정입니다. 이 여정은 우리에게 먼저 다가오신 주님의 영원한 팔에 안전하게 안기는 날까지 계속됩니다.

주님은 일생토록 우리를 향해 다가오십니다. 세례를 통해 주님은 세례를 베푸실 때 잡아주신 그 손을 놓지 않으시고 우리를 인도하시겠다고 우리와 우리 자녀에게 약속하십니다. 시작하신 일을 마치시기까지 주님께서는 당신의 손을 놓지 않으실 것입니다. 세례는 한 번으로 완전한 사건임과 동시에 아기일 때부터 시작되어 평생에 걸쳐 지속되는 사건입니다.

우리는 매일 우리가 받은 세례를 살아야 합니다. 매일 주님께서 주시는 은총의 선물에 응답해야 합니다. 6개월 난 아기일 때 세례를 받았든, 60세 노인이 되어 세례를 받았든 세례를 받은 이후 우리에게는 새로운 삶이 시작됩니다. 우리는 세례에서 한 맹세를 거듭 되새기며, 주님의 활동을 향해 우리 삶과 우리 자신을 열고, 크고 작은 모든 일, 우리가 하는 일, 만나는 사람, 지켜야 할 약속들에 "예"라고 대답하며 살아야 합니다.

주님은 매일 우리 삶에서 구원 활동을 펼쳐나가십니다. 그리고 성령을 선물로 내려 주시는 일은 이 활동에서 큰 부분을 차지합니다. 성령 체험을 두 번째 세례(혹은 세 번째, 네 번째 세례)라 부르거나, 제대로 된 (특히 유아세례 이후) 회심을 경험했다고 말하는 이들은 세례의 이런 측면(주님의 활동을 우리는 매일 경험하며, 이는 계속 이어지는 과정이라는 것)을 간과한 것이라고 할 수 있습니다. 세례를 통해 우리 안에서 시작하신 그 일을, 주님께서는 매일 다시 새롭게 하십니다. 세례를 받을 때 그분은 우리를 향해 돌아서십니다. 그럼으로써 우리가 당신을 향해 돌아서게 하십니다. 우리는 매일 주님을 향해 돌아서며, 우리 안에서 활동하시는 그분에게 응답합니다. 그리고 이러한 응답도 실은 성령이 우리 안에서 행하는 일의 일부입니다. 그리스도인이 성령을 받는 일은 선택 사항도, 어떤 도구도 아님을 은사주의자들은 상기시켜 줍니다. 이 점에서 이들의 이야기는 맞습니다. 성령은 여유만 있다면 받으면 대단히 좋은 부가 서비스가 아닙니다. 성령은 우리 존재로 스며들어 우리가 그리스도인으로서 순례를 하게 하며, 매일 삶에서 우리를 이끌고, 온전히 주님을 향하게 될 때까지 우리 삶을 밀어붙입니다. 성령이 베푸는 선물 없이는 회심도, 회개도, 선한 일도, 선한 삶도 없습니다. 매일 이 모든 것이 우리에게 거저 주어집니다.

이러한 사실이 여느 평범한 날들보다 선명하고 강렬하게 주님을 향해 돌아서는 날이 있기도 하다는 사실을 부정하는 것은 아닙니다. 극적인 체험, 삶이 변하고 영혼이 뒤흔들리는 체험, 방언을 말하고 눈물을 흘리고, 기쁨이 넘치고, 새로운 약속을 받고, 태도가 변하는 그 외 많은 은사 체험을 부정하는 것도 아닙니다. 하지만 이 모든 것은 선물로 주어지는 것입니다. 어느 날 극적인 체험을 했다고 해서, 중요한 선물을 받았다고 해서 삶의 남은 날 동안 더는 아무런 일도 일어나지 않아도 되는 것은 아닙니다. (웨슬리가 그랬듯) 올더스게이트에서든, (바울처럼) 다마스쿠스로 가는 길에서든 그 어디에서 회심을 했더라도 다음 날부터 다시 주님께 돌아서는 일을 멈춰도 되는 것은 아닙니다. 더는 받지 않아도 될 만큼 은사를 너무 많이 받을 수는 없습니다. 매일, 우리는 주님을 향해 돌아섭니다.

그러므로 세례 이후 받게 되는 성령의 선물이나 회심 체험, 견진과 같은 예식들은 매일 세례를 체험하는 일, 매일 세례를 갱신하는 사건으로 이해해야 합니다. 우리는 매일의 삶을 통해 세례의 의미를 더욱 되새깁니다. 주님께서 매일 우리에게 사랑의 선물을 쏟아부어 주시기에 매일 우리는 새로운 선물을 발견하게 됩니다. 몇 살에 세례를 받게 되든 우리는 그 순간부터 주님의 은총 어린 활동에 참여하는 자가 되며, 현재 베푸시는 은총을 받는 이가 됩니다.

주님께서는 세례를 통해 맺으신 그 약속을 지키십니다. 성령은 매일 열심히 우리 안에서 일하고 있습니다. 성령이 우리 안에서 하는 일이 유난히 선명하게, 의미 있게 드러나는 날도, 그렇지 않은 날도 있을 것입니다. 성령의 인도에 믿음으로 응답하는 날도 있을 것이고, 반응하지 않는 날도 있을 것입니다. 하지만 우리가 그 인도에 응답하지 않는다고, 성령이 그 자리에 함께하신다는 것을 부정할 수는 없습니다. 우리의 응답 여부에 따라 성령의 임재가 결정되는 것이 아닙니다. 우리가 세례를 받은 한, 그 시점 이래로 주님은 언제나 우리와 함께하십니다.

이런 식으로 생각해 보면 어떨까요. 누구나 태어날 때마다 갖게 되는 자질들이 있기 마련이고 이 자질들은 살아가는 동안 내내 유지됩니다. 누군가는 빼어난 피아노 연주자가 될 수 있는 훌륭한 손을 타고났을지 모릅니다. 하지만 피아노를 배우지 않고, 피아노 실력을 향상시키려 하지 않는다면 그러한 사실을 평생 모르고 살 수 있습니다. 세례도 이와 같지 않을까요. 세례를 받아 거듭날 때 우리는 우리가 영원히 지니고 살아갈 영적 선물들을 받습니다. 이 선물들은 우리가 벌어서 소유하게 된 것, 노력해서 성취하게 된 것이 아닙니다. 선천적인 자질처럼 주어진 것이지요. 그러한 선물 중 우리는 일부를 누리고, 사용하고, 성장시키고 나누지만, 상당수 선물은 받았는지조차 모른 채 남아 있습니다. 이 지점에서 오늘날 '은사주의자'나 과거 은사주의자들은 기여한 바가 있습니다. 우리를 찔러서, 성령의 인도에 우리가 더욱 예민하게 반응하도록 자극하기 때문입니다. 우리를 둘러싼 환경, 다른 이들의 요청, 성령의 촉구를 통해 성령이 준 (우리가 아직 다 모르는) 선물들이 전면에 드러날 그 날을 우리는 기다립니다. 그러한 가운데 우리는 우리가 받은 세례를 계속해서 살아가며, 거듭날 때 우리 안에서 시작하신 주님의 활동을 완성해 나갑니다.

그러나 정말 '두 번째 세례'라 부를만한 일들을 경험하게 될 수도 있습니다. 하지만 그 일은 방언을 말하는 일과 상관이 있을 수도 있고 없을 수도 있습니다. 주님께서 주시는 은사는 풍요롭고도 다양하기 때문입니다. 세례를 통해 우리에게 이름을 주시고, 자녀라 선언하시고, 선물을 베푸신 주님은 매일 또다시 우리에게 선언하십니다. 우리는 몇 번이고 그 선언을 듣습니다. 그 일을 하는 이는 성령입니다. 성령은 어떤 정형화된 설계도나 유형을 따라 선언을 하지 않습니다. 한 선물이 다른 선물보다 더 낫다고 할 수도 없습니다.

거듭날 때 우리가 받은 선물 중 어떤 것은 그 온전한 잠재력이 실현되기는커녕 아직 그런 선물을 받았는지도 발견되지 못한 채 있습니다. 그리고 감히 다가설 수 없는 곳까지 나아갈 사명을 우리는 소명으로 받았습니다. 성령이 다음에 우리를 어디로 인도할지, 어떤 선물을 줄지, 그 선물을 어디에 쓰라고 명할지 우리는 알지 못합니다. 다만 우리는 성령의 바람이 주님의 뜻을 따라 불어올 것이며 그 사랑의 바람이 우리 삶에 생기를 준다는 것을 알 뿐입니다. 성령은 때로는 우리 뜻을 이루고 싶어 하는 우리를 방해하기도, 우리를 위로해 주기도, 우리를 찌르기도 하면서, 사랑을 쏟아 부어 우리가 주님을 닮아가도록 우리를 바꾸어 나갈 것입니다.

우리의 무딘 영혼은 영원히 잊고 싶어 하는 바를 세례는 이야기해 줍니다. 세례를 마치고 물 밖으로 나온 우리를 시원하고 신선한

미풍이 맞이합니다. 이 거룩한 숨이 우리 곁에서, 그 모든 건조한 날, 먼지가 풀풀 날리는 여름날에도 우리의 친구로, 위로자로 머무르며 하늘 아버지께서 뜻하신 그곳에 마침내 이르게 되기까지 우리를 떠나지 않습니다. 세례를 통해 우리는 모두 은사를 입었습니다. 우리 모두가 선물을 받았습니다.

정리해 보기

◇ 신약성경은 두 가지 세례를 이야기합니다. 하나는 _____ 이 베푼 그리스도 이전의 세례입니다. … 다른 하나는 _____의 세례로 주님께서 이곳에서 임하시고 활동하신다는 징표인 물과 성령의 세례입니다. (135쪽)

◇ 사도행전 18~19장에는 언뜻 이해하기 어려운 이야기가 기록되어 있습니다. 아볼로가 "_____의 세례밖에 알지 못"했다는 부분이 대표적입니다. 에베소인들도 '_____'에 관해서는 들어 본 일이 없다고 답합니다(행 19:2). 신약에서 '_____'를 지지하는 유일한 근거도 아마 이 부분일 것입니다. (139쪽)

◇ 그리스도인이 _____을 받는 일은 선택 사항도, 어떤 도구도 아님을 _____들은 상기시켜 줍니다. (143쪽)

◇ 세례는 평생에 걸쳐 이루어지는 _____ 과정, 세례대에서 시작되어 우리가 죽는 날까지 끝나지 않는 _____의 과정입니다. (142쪽)

생각해 보기

◇ 자신이 어떻게 신앙을 갖게 되었는지, 어떤 신앙 이력을 갖고 있는지 사람들과 함께 나누어 봅시다.

◇ 누군가 당신에게 "은사를 받았느냐?", "인격적으로 주님을 만났느냐?"고 질문했을 때 본문을 바탕으로 그 질문들에 어떻게 답할지 생각해 봅시다.

◇ 세례는 어떻게 한 번으로 완전한 사건이면서 평생 지속되는 사건이 됩니까? 본문을 바탕으로 다시 한번 생각을 정리해 봅시다.

제8장

─────

어떻게 거듭날 것인가

주님께서는 그 크신 자비로 우리를 새로 태어나게 하셨습니다. …
산 소망을 갖게 해 주셨으며 … 여러분은 다시 태어났습니다.
그것은 썩을 씨로 그렇게 된 것이 아니라,
썩지 않을 씨로 … 그렇게 되었습니다. …
갓난 아기들처럼

- 베드로전서 1장 3,23절, 2장 2절 -

많은 학자가 1970년대를 '성령의 시대'라고 지적하지만, 그 시절을 '거듭남의 시대'로 기억하는 이들도 분명 있을 것입니다. 이 시기 극적으로 삶이 바뀌고 가슴으로 느껴지는 회심 체험을 말하는 빌리 그레이엄Billy Graham의 책 『어떻게 거듭날 것인가』How to Be

Born Again가 출간되었으며, (갤럽 조사에 따르면) 당시 성인의 1/3 이상이 '거듭남'을 경험했다고 응답했습니다.* 그리고 갑자기 모두가 (대통령부터 축구선수까지) 거듭난 경험을 이야기하기 시작했습니다.

빌리 그레이엄은 이처럼 극적으로 삶이 바뀌는, 완전한 변화를 경험하고 싶은 모든 이를 위해 『어떻게 거듭날 것인가』를 저술했습니다. 이 책은 그러한 경험을 하고 싶은 이들을 위한 일종의 자기개발서, 스스로를 돕는 법을 기술한 책이라 할 수 있습니다. 책 끝부분에 그는 독자들이 거듭나려면 어떠한 일을 해야 할지에 대해 단순한 방법을 제시합니다.

1. 먼저 주님이 하신 일을 깨달아라.
2. 죄를 회개하라.
3. 예수 그리스도를 주님이자 구원자로 받아들여라.
4. 그리스도에 대한 이러한 고백을 공개적으로 하라.

그는 독자들에게 말합니다.

지금 그 일이 일어나게 합시다. 기꺼이 우리 죄를 고백하고, 예수 그리스도를 우리 주님으로, 구원자로 받아들입시다. 지금 할 수 있습니다. 이 순간, 고개를 숙이고 무릎을 꿇으십시오. 기도하십시오.

---

* 한국에서 『어떻게 거듭날 것인가』How to Be Born Again는 『기꺼이 거듭나는 삶』(21세기북스)이라는 제목으로 출간된 바 있다.

그는 거듭나기를 바란다면 이렇게 기도하라고 권합니다.

오 주님, 제가 당신께 대항하여 죄를 지었다는 것을 깨달았습니다. 제 죄로 인해 애통합니다. 주님 잘못했습니다. 기꺼이 제 죄로부터 돌이키고 싶습니다. 예수 그리스도가 제 구원자임을 깨닫고, 그것을 받아들입니다. 아버지를 제 주인으로 고백합니다. 이제부터 저는 당신을 위해 살고, 당신을 섬기며 살기 원합니다. 예수 이름으로 기도합니다. 아멘.

빌리 그레이엄의 이런 주장은 호소력이 있습니다. 단순명료해 이해가 잘 되며 달성 가능합니다. 그는 분명하게 우리가 거듭나기 위해서는 무엇을 해야 하는지를 말합니다. 하지만 이 책이 표방하는 관점과 내용에는 두 가지 문제점이 있습니다.

그는 회심이나 구원, 거듭남을 주로 '우리'가 무언가를 하고, 무언가를 믿어야 일어나는 사건처럼 그리고 있습니다. 그가 가르쳐준 기도뿐 아니라 거듭남의 방법을 설명할 때도 마찬가지입니다. 거듭나기 위해 우리에게 네 가지 '해야 할 일'이 있다고, '우리가' 깨닫고, 받아들이고, 회개하고 고백해야 한다고 그는 설명합니다. 여기서 주님이 베푸시는 은총이란 선하지만 저 멀리 어딘가에 있는 것이어서 우리가 저 단순한 네 단계를 밟아 얻어내야 하는 것으로 그려집니다. 은총을 얻느냐 마느냐는 '우리'에게 달려 있습니다. '지금 그 일이 일어나게' 할 수 있는 이도 바로 '우리'입니다. 주님께서 우리를 구원의 길로 이끄신다고, 그 활동은 주님께서 하시는 일이라고 공을 돌리기는 합니다만, 전체 흐름을 보면 그분은 우리 앞에 있는 은총을 발견하고 이해하고 받아들이도록, 이를 '우리 스스로' 해낼 수 있도록 '도와주시는' 이로 묘사됩니다.

이러한 그리스도교는 사실상 우리 스스로를 돕는, 우리의 조건에 달려 있는, 우리가 시작하는 종교와 다름없습니다. 그리고 이것이 바로 근본적인 문제입니다. 우리가 대부분을 결정해야 하고, 행해야 하고, 이해해야 하고, 스스로 발견해야 하는 그런 것을 예수께서 왜 '거듭남'이라고, '새 생명'이라고 부르셨겠습니까? 우리가 이 세상에 태어날 때 스스로 하는 일이 얼마나 되나요? 우리가 결단하고, 헌신하고, 이해한다고 해서, 이러한 조건들을 충족한다고 해서 생명을 선물로 받게 되나요?

다 큰 어른(이자 죄인)인 니고데모가 예수에게 "누구든지 다시 나지 않으면 주님 나라를 볼 수 없다"(요 3:3)는 말을 듣고 혼란스러워한 것은 당연한 일입니다. 그는 "어떻게 나이 든 사람이 다시 태어날 수 있습니까?"라고 물었습니다. 우리가 태어날 때 스스로 이 세상에 나올 수 없듯, 두 번째 출생 역시 스스로 해낼 수 없습니다. 니고데모는 첫 번째와 두 번째 출생 모두 불가능하다고 추론합니다. 맞습니다. 우리는 스스로 태어날 수도, 거듭날 수도 없습니다. 예수는 당혹스러워하는 니고데모를 향해 바람(그리스어로 바람과 영은 같은 단어입니다)이 어디서 부는지 알 수 없고, 어디서 와 어디로 가는지 알 수 없으나 그 소리는 들을 수 있다고 말씀하십니다. 다시 말하지만, 여기서 바람은 성령 곧 주님의 영입니다. 그리고 일(바람)을 시작하는 분도, 통제하는 분도 주님이십니다. 우리를 "물과 성령으로" 거듭나게 하시는 일도 주님께서 하시는 활동의 일부입니다(요 3:5). 우리는 스스로 거듭나지 않으며 그럴 수도 없습니다. 이는 우리의 탄생이 그러하듯 너무나도 근본적이고 새로운, 극적인 사건이기 때문입니다. 오늘날 많은 복음주의자는 이러한 거듭남이 주님께서 하시는 활동이며 우리가 하는 일이 아니라는 점을 충분히 강조하지 않는 경향이 있습니다.

또 다른 문제는 위에서 언급한 문제와 연결됩니다. 적어도 제가 읽은 바에 따르면 『어떻게 거듭날 것인가』는 '세례'를 단 한 차례도 언급하고 있지 않습니다. 이상한 일입니다. '그리스도인이 되는 일'에 관해 말하는 모든 책은 반드시 세례를 언급해야 한다는 말이 아니라(물론 세례는 그러한 이야기를 시작하는 적절한 출발점이라고 생각합니다) 신약성경이 '거듭남'이나 '새롭게 됨'을 말할 때는 언제나 세례에 관한 이야기를 동반하고 있음을 지적하는 것입니다. 초대교회에서는 예수가 니고데모에게 했던 말("물과 성령으로 나야 한다")이 모호한 감정이나 주님과 관계를 바로잡을 네 단계 방법이 아니라 세례를 가리키고 있음을 알고 있었습니다. 구원이 어떻게 임하는지에 대해 바울은 분명하게 이야기합니다.

> 주님이 우리를 구원하신 것은, 우리가 행한 의로운 일 때문이 아니라, 그분의 자비하심을 따라 거듭나게 씻어주심과 성령으로 새롭게 해 주심으로 말미암은 것입니다. (딛 3:5)

바울은 세례 과정에서 일어나는 일을 일종의 출생 과정으로 묘사했습니다. 그가 생각하기에 이는 세례의 의미를 전달해 주는 가장 좋은 비유(매장의 비유를 제외하고)였습니다. 바울은 세례식에 쓰는 성수를 보며 양수를 떠올렸습니다. 생명은 물로부터 창조됩니다.

주님의 말씀으로 하늘이 옛날부터 있었고, 땅이 물에서 나와 물로 말미암아 형성되었습니다. (벧후 3:5)

인간도 생의 첫 9개월을 자궁에서 시작하며 자궁 안에는 양수가 있습니다. 그렇게 물에서 생명이 나옵니다. 그렇게 우리는 태어납니다. 베드로가 쓴 첫째 편지에는 위대한 세례 찬가가 기록되어 있습니다.

주님께서는 그 크신 자비로 우리를 새로 태어나게 하셨습니다. … 산 소망을 갖게 해 주셨으며 … 여러분은 다시 태어났습니다. 그것은 썩을 씨로 그렇게 된 것이 아니라, 썩지 않을 씨로 … 그렇게 되었습니다. … 갓난 아기들처럼 (벧전 1:3, 23, 2:2)

우리는 세례를 통해 태어나고 또 거듭납니다. 거듭나 새로워지는 사건은 단순히 두 번째로 태어나는 일이 아니라 '재창조'recreation라고 신약성경은 말합니다. 예수도 거룩한 아버지께서 드러내실 "새 세상"(마 19:28)을 말씀하셨습니다. 이 표현은 유대교 문헌 속 죽음 이후의 삶을 의미하는 말에서 유래했습니다. 재창조의 '재're-라는 말에는 주님께서 이미 하신 일의 두 번째 판이라는 암시가 담

겨 있습니다. 세례를 통해 다시 새롭게 되는 것은 무엇일까요? 창
조입니다. 우리는 다시 창조되어 새로운 피조물이 됩니다. 바울은
이를 이렇게 표현했습니다.

> 누구든지 그리스도 안에 있으면, 그는 새로운 피조물입니다. 옛
> 것은 지나갔습니다. 보십시오, 새것이 되었습니다. 이 모든 것은
> 주님에게서 났습니다. 주님께서는 그리스도를 내세우셔서, 우리
> 를 자기와 화해하게 하시고, 또 우리에게 화해의 직분을 맡겨 주
> 셨습니다. (고후 5:17~18)

다시 말해, 주님께서 우리를 창조하신, 원래 뜻하신 그분의 형상이
깨졌습니다. 우리의 현재 모습은 그렇게 깨진 상태입니다. 하지만
주님은 창조 활동을 마치시지 않았고, 멈추시지도 않았습니다. 주
님은 여전히 활발하게 당신께서 시작하신 그 일을 완성하시려, 끝
내시려 움직이고 계십니다. 그분은 특히 우리의 거듭남을 위해, 우
리에게 세례를 베풀어주시기 위해 바쁘게 움직이십니다. 이를 통
해 우리는 주님께서 원래 만드신 형상으로 다시 태어납니다. 우리
는 재창조되고, 재배치되고, 다시 만들어지고, 전환되어 거듭납니
다. "갓난 아이"처럼 말이지요. 신약성경 기자들은 우리 안에서 일
어나는 이처럼 근본적인 변화를 담아낼 수 있는 말은 '탄생'(또는 죽
음)뿐임을 너무나 잘 알고 있었습니다.

『어떻게 거듭날 것인가』 어디를 살펴보아도, 세례가 거듭남의 본이나 규범으로 언급되지 않습니다. 이 책에서 우리가 하는 모든 신앙 체험을 판단해주는 역사적, 성경적 기준은 세례가 아닙니다. 오늘날 복음주의자들이 '거듭남의 경험'을 교회의 성사와 분리하고, 은총을 전하는 다른 공동체 도구와 분리하는 것도 이 때문입니다. 사실상 '나'가 체험하는 정서적인 '거듭남'이 새로운 성사가 되었고, 은총을 전하는 새로운 수단이 되었습니다. 가슴이 뜨거워지는 '경험', 즉각적이고도 사적인 '나'가 인지하고 느끼는 '경험', 주님께서 이루시는 구원을 참회하며 받아들이는 내적 '경험' 없이는 이전에 받은 세례, 이후 이어지는 성장과 변화가 아무것도 아닌 것처럼 보이게 되었습니다. 물론 누군가는 이런 질문을 던질 수도 있겠습니다.

세례만 받으면 구원을 받을 수 있습니까?
누군가에게 물 좀 뿌리고 몇 마디 말을 따라 하게 한다고 해서
그 사람이 거듭납니까?
거듭남과 세례를 동일 선상에 둘 수 있습니까?
세례가 무슨 마법입니까?
어딘가 이교 예식, 성직자 주의의 냄새가 나지 않습니까?

이러한 질문들에 적어도 이 말은 해 줄 수 있습니다. 그리스도교 전통, 그리고 성경은 세례라는 겉으로 드러나는 예식과 우리의

내적 경험(거듭남과 새롭게 됨)이 서로 연결되어 있다고 가르치고 있습니다. 그럼에도 이 둘이 정확히 어떠한 관계를 맺고 있는지, 그 속성에 관한 부분은 열린 질문으로 남아 있습니다. 그 둘은 분명 관련이 있으나 세례를 못 받았다 해서 거듭날 수 없는 것은 아니라고 교회는 늘 단언했습니다. 구원을 받기 위해서는 세례가 꼭 필요하다고 확고히 말하는 로마 가톨릭 교회조차 어떠한 예외적인 상황에서는 '세례를 향한 열망'이 있다면 세례를 받지 않아도 거듭나고 새로워질 수 있다고 이야기해 왔습니다.

세례와 거듭남이 완전히 같은 것이라고 말한다면 세례 행위와 거듭남을 무슨 마법이라도 되는 것처럼 둘의 관계를 극단적으로 단순화하게 될 것입니다. 둘은 서로 온전히 연결되어 있지만 완전히 동일하지는 않습니다.

하지만 세례란 그저 상징이거나 예식일 뿐이라고, 그래서 그 예식의 의미가 예식 행위를 통해 나타날 수도 있고 나타나지 않을 수도 있다고 말하는 것 또한 경계해야 합니다. 이러한 생각은 성경이 증언하는 내용, 교회가 가르쳐 온 내용과 명백히 배치됩니다. 세례와 거듭남은 온전히 연결되어 있지만, 시간 순서를 따라 이어져 있지는 않습니다. 어느 하나를 다른 하나 보다 먼저 체험할 수 있고 동시에 두 사건이 일어날 수도 있습니다. 혹은 두 사건이 평생에 걸쳐 이어질 수도 있지요. 이 두 활동(세례와 거듭남)의 주체는 주님이심을 기억하십시오. 그분은 당신께서 선하게 여기시는 때에, 그분이 선히 여기시는 방식대로, 우리 안에서 당신의 일을 하십니다. "바람은 제가 불고 싶은 대로 붑니다." '거듭남'을 가장 잘 설명하는 길은 단연 '세례에 바탕을 둔 경험'으로서 거듭남을 말하는 것입니다. 거듭남은 세례와 동떨어진, 내면에서 일어나는 생경한 현상이 아닙니다.

'거듭남'은 세례에 부가적으로 따라오는 경험도, 선택 사항도 아닙니다. '거듭나 새롭게 되는 경험'은 세례의 일부입니다. 거듭남은 세례에 포함된 선물 중 하나이며, 세례라는 전체 현상의 일부이고, 주님께서 세례를 통해서 하시는 일의 한 측면입니다. 처음부터 이야기한 대로, 세례는 일순간 받고 끝나는 의례가 아니라, 일생에 걸쳐 이어지는 과정, 주님이 우리 안에서 일하시는 과정입니다. 세례 안에서 거듭남 역시 마찬가지입니다.

Ⅲ

복음주의자들에게는 지금까지 한 세례 이야기가 낯설게 들릴지도 모르겠습니다. 지난 세기를 풍미했던 복음주의는 회심과 거듭남, 새롭게 됨, 구원이 이어지는 과정으로 세례를 이해하기보다, 인생에서 한순간 체험하는 회심을 강조했습니다. 미국에서 일어난 부흥 운동은 이러한 회심 체험을 중대한 분기점으로 보았습니다. 부흥 운동을 주도한 이들은 불현듯 각성하여 마음과 생각이 변화되는 것, 회심의 찰나의 섬광 같은 측면을 강조했습니다.

놀라운 은총! 얼마나 달콤한 말인지.
나처럼 가련한 이를 구원해주시다니.
나 이전에 길 잃었으나, 이제는 찾았고,

이전에 눈멀었으나, 이제는 보네.

이처럼 극적인 거듭남의 순간은 신앙 여정에서 매우 중요한 순간입니다. 기억이 희미해지면 이를 붙들어 소생시켜야 하며 살아가는 내내 그 순간을 기억할 만한 가치가 있습니다. 하지만 우리는 너무나 자주 그 순간 이후 이어지는 삶의 중요성은 간과합니다. 너무나 자주 그 순간 이후에 이어지는 찬양의 중요성은 잊힙니다.

　　많은 위험과, 노역과, 덫을 통과하며,
　　나는 이미 이곳에 다다랐네
　　이 먼 곳까지 나를 안전하게 데려다준 그분의 은총이니,
　　그 은총이 끝내 나를 집으로 이끌어 주리.

신학사에서도 칭의를 강조하다가 성화가 희생되곤 했다는 사실을 잊어서는 안 됩니다. 대다수 복음주의 설교자들은 신앙의 첫 단계(회심)를 되풀이해서 강조한 반면, 회심 이후의 신앙 여정에 대해서는 거의 관심을 기울이지 않았습니다. 하지만 거듭남이 한순간 일어나는 심리적인 사건, 한 번으로 충분한 분기점이라는 사고는 전통적인 개신교 신학과도 맞지 않고 세례에 바탕을 둔 회심이라는 그림과도 이질적입니다. 종교개혁가들은 죄란 아주 복잡한 것이며 우리의 모든 생각, 모든 행동과 복잡하게 얽혀 있는 무엇이기에, 수천 번의 회심이 있어야 한다고, 일생에 걸쳐 주님을 향해 끊임없이 돌아서야 한다고, 죄를 근절하는 길은 그것뿐이라고 확신

했습니다. 간편한 네 단계 지침이 이처럼 복잡한 죄를 제거할 수는 없습니다. 그렇게 죄를 없애기란 세례를 하며 물에 몸을 한 번 담그는 것으로 죄를 없애는 것보다도 어려워 보입니다. 우리의 죄를 씻기 위해서는 평생에 걸친 참회와 회심이 있어야만 합니다.

앞서 6장에서 구원과 회심이 공동체적 경험이며, '교회'에 주어지는 선물이라는 점을 이야기한 것도 그 때문입니다. 로마 가톨릭 교회는 '교회 밖에는 구원이 없다'고 말합니다. 논란이 되는 말이지만, 이 말에 담긴 근본적인 의미는 우리에게 세례를 준, 우리를 돕는 이들에게 우리는 일생에 걸쳐 의존하고 있으며 세례를 통해 우리가 받은 약속에 응답하며 살아가려면 교회가 있어야 한다는 것입니다. 교회는 우리가 매일 세례에 담긴 영원한 의미를 삶으로 살아내고, 세례의 유익을 삶에서 누리며 그 빛 속에서 영원히 살아가도록 돕는 신앙 공동체입니다. '다시 태어나' 새롭게 되고, 거듭나는 경험은 회심이라는 기나긴 과정에서 받는 선물 중 일부입니다. 하지만 우리는 선물을 받았다고 여기기보다 스스로 해냈다고 생각하기를 좋아하며, 구원도 그런 식으로 생각하기를 선호합니다. 구원이 주님의 교회를 통해 거저 주어졌다고 생각하기보다 '우리 스스로 해냈다'고 생각하기를 좋아하지요.

언젠가 어머니와 대화를 하던 중에, 고등학교 때 들었던 타자 수업 이야기가 나왔습니다. 저는 매일 타자기를 쓰기에 타자기를 쓸 줄 안다는 것에 늘 감사하면서 고등학교 때 배운 것 중 가장 유용한 수업은 타자 수업이었다고 말했습니다. 그러자 어머니는 말씀하셨습니다.

"엄마한테 고맙지? 엄마 말 듣고 타자를 배우길 잘했잖아."

저는 믿을 수 없어 다시 물었습니다.

"엄마가 배우라고 했어요?"

그녀는 답했습니다.

"그럼. 정확히 기억나는걸. 너는 그런 건 배울 필요 없다고, 시
간 낭비라고 말했잖아. 기억 안 나? 처음에는 네가 너무 싫어
해서 엄마가 억지로 배우게 했잖니."

저는 소스라치게 놀랐습니다. 그때까지 저는 제가 지혜롭고, 통찰
력 있고 선견지명이 있어서 고등학교 때 타자 수업을 들었다고 믿
고 있었고, 그런 저 자신을 대견하게 여겼기 때문이지요. 하지만
실상은 전혀 그렇지 않았습니다. 저는 타자를 배워야겠다고 생각
하지 않았던 것이지요. 그러므로 저 자신을 대견하게 생각할 이유
도 별로 없는 것입니다. 타자 기술은 선물로 받은 것, 누군가의 돌
봄과 가르침의 결과였습니다.

여느 선물이 그렇듯 회심이라는 선물도 우리를 사랑해주고 돌
봐주는, 우리를 주님의 나라로 이끌어 주는 이들을 통해 옵니다.
'거듭남'은 세례적 경험이며 죄에서 돌이켜 주님께 이르는 과정의
일부입니다. 그렇게 우리는 일생에 걸쳐 돌아섭니다. 우리는 지금
도 거듭나고 거듭나야 하며 거듭날 것입니다. 세례는 이를 약속하
는 예식입니다. 우리는 세례식 직후에 이를 경험할 수도 있고, 세
례를 받고 한참이 지난 후에 이를 경험할 수도 있습니다. 어떻게
든 이 거듭남은 주님께서 세례를 통해 우리에게 주신 약속이 실현
되고, 완성되고 있음을 드러내는 체험입니다. 때로 우리는 세례를

받기 전에도 이러한 거듭남의 체험을 할 수 있습니다. 때로 세례를 받는 동안 체험을 할 수도 있습니다. 세례를 받은 이후에 찾아올 수도 있습니다. 언제 그러한 체험을 하든 거듭남은 세례라는 선물 꾸러미의 일부, 과정의 일부입니다.

오랜 시간, 그리스도교 신앙에서 세례는 신앙으로, 교회로 들어가는 '문'으로 간주되었습니다. 그리고 많은 교회는 이러한 생각을 알리는 차원에서 세례대를 예배당 문 앞에 배치하곤 했습니다. 물론 살다 보면 문을 기준으로 우리가 어디에 있는지 말하기 어려울 때도 있습니다. 때로는 문을 열기 위해 손잡이를 손에 쥐고 있을 수도 있고, 문 앞에 서 있는 순간도, 문을 열고 막 그 안으로 들어서려 하는 때도 있습니다. 중요한 것은 우리가 문 안으로 들어서고 있다는 것, 그 길에 서 있다는 것입니다. 그 길에서 주님께서는 우리에게 말씀하십니다.

네가 지금 문에서 얼마나 멀어져 있든, 문은 언제나 활짝 열려 있단다. 언제든 들어와도 좋다.

바로 이 때문에 교회는 아무것도 모르는 아이조차 세례를 받아 거듭날 수 있다는 놀라운 이야기를 할 수 있습니다. 거듭남을 일생에서 단 한 번 체험하는, 유일회적 경험이라 생각하는 이들은 이런 이야기가 낯설 것입니다. 회심을 특정 순간, '나'의 지성과 감정에 커다란 변화를 가져오는 체험, 이를 깨닫는 체험이라고 생각하는 이들은 저런 이야기를 거부할 것입니다. 하지만 회심이 일생에 걸쳐 주님을 향해 돌아서는 일이라 한다면 아기도 그 과정에 참여할 수 있습니다. 마르틴 루터는 '아이의 신앙'을 두고 어리지만 참된 신앙이라고 말했습니다. 세례는 주님께서 주시는 선물이기에 세례를 받은 아이는 이미 신앙을 갖고 있다고 생각한 것이지요. 장 칼뱅 또한 유아세례에 관해 말하면서 비록 아기는 그 예식에 온전히 참여할 수 없고, 온전히 회개할 수도, 믿을 수도 없지만 "성령의 은밀한 움직임으로 믿음의 씨앗이 아기 안에 심긴다"(그리스도교 강요 4권 14장 20절 中)고 말했습니다. 성공회 교회에서는 아기에게 세례를 베푼 후 사제가 회중을 향해 선포합니다.

이 소중하고 사랑스러운 형제를 보십시오.
이 주님의 자녀는 이제 거듭났습니다.

아기도 세례를 통해 거듭날 수 있다면, 세례는 특정 순간, 예식으로 완성되는 것은 아닐 것이며 일생을 통해 완성되는 것이라 해야 할 것입니다. 그래야만 말이 되지요.

근래 낙태에 관해 토론을 한 적이 있습니다. 토론에 참여한 사람 중 어떤 이는 낙태를 지지하며 "태아는 한낱 인간이 될 가능성이 있는 존재일 뿐"이라 말했습니다. 저는 "한낱"이라는 표현을 쓴 것은 잘못이라고 생각했습니다. 태아뿐 아니라 우리는 모두 온전히 인간이 되지 못한 "인간이 될 가능성이 있는 존재"이기 때문입니다. 자궁에서 나오자마자 성장이 끝난 인간은 없습니다. 우리 안에 있는 주님의 형상은 영원히 자라고 완성을 향해 나아갑니다. 세례 이후 얼마나 영혼을 뒤흔드는 사건을 체험하든 세례 예식 때 얼마나 강렬한 경험을 하든 우리는 모두 일생에 걸쳐 죽고 또 거듭나는 근본적인 전환을 겪어야만 합니다. 그렇게 우리는 주님께서 뜻하신 '새로운 피조물'이 됩니다. 이러한 맥락에서 칼뱅은 세례를 통해 우리 존재에 일어나는 일에 관해 말한 것입니다.

세례가 우리에게 일으키는 변화는 한순간에, 하루 만에, 일 년 만에 일어나지 않는다. 그 변화는 지속적으로, 때로 느리기까지 한 한 걸음을 통해 일어난다. (그리스도교 강요 3권 3장 9절 中)

우리는 이 모든 일이 즉시, 손가락 까딱할 새, 눈 깜빡할 새 이루어지기를 바랍니다. 아무 노력 없이, 고통 없이 회심하고 몸과 마음이 치유되고, 변모하여 구원될 수 있기를 바랍니다. 하지만 변화는 그런 식으로 신속하게 혹은 고통 없이 일어나지 않습니다. 주님이 우리를 변화시키시는 과정에는 시간이 걸립니다. 그분은 당신의 선하신 때에 그 일을 이루십니다. 거듭남은 고통스러우며 그고통은 우리의 첫 번째 탄생 때 일어나는 고통보다 결코 덜하지 않습니다. 이는 아주 근본적인 부름입니다. 탄생에는 그렇듯 얼마간 고통이 수반되기 마련입니다.

IV

세례를 받은 뒤 이어지는 모든 과정, 세례를 통해 받게 된 모든 약속이 주님께서 하시는 일임을 강조한다고 해서 거듭남이라는 사건에 우리의 '예'가 요구된다는 사실을 부정하는 것은 아닙니다. 빌리 그레이엄은 이 부분을 잘 지적했습니다.

물론 우리 안에서 이루어지는 주님의 활동은 우리의 행동, 우리의 믿음, 우리의 결단에 제한을 받지 않습니다. 우리는 그 일의 시작과 끝을 좌우하지 못합니다. 그러나 우리가 주님의 활동을 받아들이지 않으면, '예'라고 하지 않으면 그 일은 거의 결과를 내지 못합니다. 거룩하신 아버지께서 그리스도를 통해 말씀하시고 행하신 거대한 긍정을 우리가 삶으로 긍정하지 않는다면, 우레와도 같은 그분의 '예'를 우리가 삶으로 '예'라 답하지 않는다면 이는 무엇보다 우리에게 별다른 의미를 갖지 않게 됩니다.

복음주의자들은 거듭남을 강조하며 회심을 단번에 완성되는, 주관적인 사건으로 보는 경향이 있습니다. 모든 이에게 똑같이 적용할 수 있는 단 하나의 모형이 있는 것처럼 말하며, 구원을 받음에 있어 우리의 믿음, 우리의 감정, 우리의 결단을 지나치게 강조하면서도 주님께서 하시는 활동에 대해서는 상대적으로 덜 이야기했습니다. 앞서 언급한 대로 이러한 생각에는 잘못된 점이 있습니다. 하지만 주님께서 우리에게 선물을 주실 때 우리 편에서도 응답이 필요하며 이의 중요성을 환기했다는 점에서 복음주의자들의 생각은 옳았습니다. 우리가 받지 않고 거절한 선물도 여전히 선물입니다. 하지만 받는 이에게 거절당하는 선물이란 그 자체로 비극이지요.

우리는 어느 순간 갑작스럽게 거듭날 수도 있고, 서서히 거듭날 수도 있습니다. 거듭남은 감정이 크게 뒤흔들리는 경험일 수도 있고, 고요해서 겉으로는 잘 드러나지 않는 경험일 수도, 어느 시점, 어디에서 일어난 사건인지 기록할 수 있을 정도로 특별한 경험일 수도, 매일 매 순간 서서히 일어나는 과정일 수도 있습니다. 어떤 식으로든 우리는 거듭나야 합니다. 언제 어디서 회심을 경험했는지를 말할 수 있느냐는 중요하지 않습니다. 예수의 삶과 죽음을 나의 삶으로 살아가고 있음을 믿음으로 고백할 수 있는지가 중요합니다. 루터에게 거듭남이란 세례를 통해 일어난 일을 '체험'하는 것이기보다 그 일을 믿으며 살아감을 뜻했습니다. 자신이 구원을 받았는지 과도하게 염려하는 누군가를 향해 그는 이야기했습니다.

새로운 생명은 체험하는 것이 아니라 믿는 것입니다.
누구도 자신이 의로워졌다고 장담할 수 없고,
거듭났다고 확신할 수 없습니다.
우리는 그저 주님을 믿고 또 소망할 뿐입니다.

거듭나기 위해서는 주님의 부름에 우리가 응답해야 합니다. 그리스도께 응답하지 않는 이는 그리스도인이 아닙니다. 이때 응답은 의식적이고 의도적이며 일회적인 것이 아니라, 일생에 걸쳐 책임 있게 이루어지는 것입니다.

존 베일리John Baillie는 『세례와 회심』Baptism and Conversion에서 모든 사람은 각기 다른 방식으로 그리스도를 따르기 위한 '결단'을 하며 대개 우리는 한 번 이상 그 결단을 하게 된다고 이야기한 바 있습니다. 저도 동의합니다. 언제든, 우리에게는 그런 결단의 순간이 있어야 합니다. 단번에 영혼의 계단 꼭대기까지 오를 수는 없습니다. 우리는 한 번에 한 계단씩 오릅니다. 그리고 그 각 걸음은 하늘 아버지(그리스도를 통해 만난 그분)께 우리의 온 자아를 헌신하는, 의식적인 행동입니다.

세례받은 이가 응답하지 않은 세례는 불완전하고 파편적인 세례, 종착지에 다다르지 못하는 세례가 됩니다. 우리는 매일 우리가 받은 세례에 응답하며, 매일 우리를 향해 계신 그분을 향해 돌아섭니다. 우리는 매일 주님의 약속에 응답하고, 약속을 지킵니다. 때로 그 응답은 우리 영혼을 뒤흔들고, 삶을 변화시킵니다. 때로 그 응답은 고요히 울려 퍼집니다. 때로 그 응답은 의식적으로 이루어지며 때로는 무의식으로 이루어집니다. 소비를 할 때, 투표를 할 때, 성찬례를 할 때, 일상에서 일어나는 무수한 일들에 대한 무수한 결단으로 우리는 응답합니다. 그리고 때로는 지성과 감정과 의지를 모두 동원하여, 선명하게 그분께 '예'라고 답해야 할 순간도 있기 마련입니다. 하지만 그 응답, 그 '예'조차 우리 안에 계신 주님의 은총이 하시는 일이며, 그마저 선물임을 잊어서는 안 됩니다. 우리는 지금까지 주님께서 창조하신, 여전히 창조하고 계시는 활동을 향해 '예'라고 답할 뿐입니다. 이제 이전 것은 지나갔고 우리 안에서 새로운 존재가 탄생했습니다. 우리는 처음부터 예정되어 있던 이 낯설고도 놀라운 탄생을 향해 '예'라고 답할 뿐입니다.

언젠가 데이비드 스타인메츠David Steinmetz가 종교개혁가 울리히 츠빙글리Huldreich Zwingli에 관해 들려준 일화입니다. 츠빙글리는 세례를 수도회에 막 들어온 수련 수사에게 주는 옷과 모자로 묘사했습니다. 수도복을 받고 이에 수반되는 맹세를 받아들이면 아무리 어린아이라 할지라도 그는 그때부터 수도사가 됩니다. 하지만 열두 살 소년이 그렇게 수도사가 되었다고 해서 평생 수도복을 입고 생활한 여든두 살의 늙은 형제들과 똑같은 수도사는 아닐 것입니다. 열두 살 소년 수도사는 자신이 받은 수도복에 걸맞은 수도사로 성장해야 합니다. 세례도 이와 같습니다. 우리는 우리가 받은 세례라는 수도복에 걸맞게 성장해야 합니다. 그리고 이를 위해서 우리는 훨씬 더 풍요로운 삶, 균형 잡힌 삶을 살아야 합니다. 끊임없이, 매일 우리는 우리 자신을 돌이켜 주님을 향한 더 깊은 헌신으로 나아갑니다. 회심 체험은 세례를 대체하지 않고 우회하지 않습니다. 우리는 이를 통해 우리가 받은 세례에 걸맞게 자라납니다. 세례는 우리 안에 주님의 형상을 형성하고, 그에 걸맞게 우리가 자라나도록 돕습니다. 그리스도 안에서 다시 태어나고, 그리스도와 함께, 그리스도를 향해 성장하게 합니다. 그렇게 우리는 세례를 통해, 주님께서 우리에게 주신 모든 것을 소유하게 되고, 우리가 고백했던 바로 그 존재로 온전히 되어갑니다.

주님 안에서 태어나고 거듭난 우리는, 우리 안에 주님께서 시작하신 일을 우리 삶의 마지막 날 완성하실 것을 기대하며 기다립니다. 영원의 첫날, 우리 삶을 돌아볼 때, 주님께서 약속하신 '새로운 피조물'이 '우리' 안에 있음을 보게 되기를 우리는 고대합니다. 그렇게 우리는 죽음에서 영원으로 나아갈 때, 모태에서 나온 신생아처럼, 끈적이며, 발길질하며, 고함을 지르며 생생하게 나아갈 그날을 기다립니다.

정리해 보기

◇ 예수는 당혹스러워하는 _____를 향해 바람이 어디서 부는지 알 수 없고, 어디서 와 어디로 가는지 알 수 없으나 그 소리는 들을 수 있다고 말씀하십니다. 다시 말하지만, 여기서 바람은 _____ 곧 _____입니다. (154쪽)

◇ 복음주의는 _____과 _____, _____, _____이 이어지는 과정으로 세례를 이해하기보다, 인생에서 한순간 체험하는 _____을 강조했습니다. (160쪽)

◇ '_____'고 말합니다. … 이 말에 담긴 근본적인 의미는 우리에게 세례를 준, 우리를 돕는 이들에게 우리는 일생에 걸쳐 의존하고 있으며 세례를 통해 우리가 받은 약속에 응답하며 살아가려면 _____가 있어야 한다는 것입니다. (162쪽)

◇ 장 칼뱅 또한 _____에 관해 말하면서 비록 아기는 그 예식에 온전히 참여할 수 없고, 온전히 회개할 수도, 믿을 수도 없지만 "성령의 은밀한 움직임으로 _____이 아기 안에 심긴다"(그리스도교 강요 4권 14장 20절 中)고 말했습니다. (165쪽)

생각해 보기

◇ '거듭남'의 의미에 대해 다시 생각해 봅시다.

◇ "거듭남" "회심" "구원"을 위해 우리가 무엇인가를 해야 하는 것처럼 말하는 데는 어떤 문제점이 있습니까?

◇ 당신이 거듭났다고 느꼈던 순간은 언제입니까? 거듭남이 한순간이 아니라 과정이라면 당신은 지금 그 과정에 어디쯤 와 있다고 생각하시나요?

읽기 전 생각해 보기

- '물' 하면 연상되는 것들을 모두 적어봅시다.

제 9 장

———

죽음

세례를 받아 그리스도 예수와 하나가 된 우리는
모두 세례를 받을 때에 그와 함께 죽었다는 것을
여러분은 알지 못합니까?

- 로마서 6장 3-5절 -

누군가 세례가 무엇을 의미하냐고 물을 때마다 저는 답합니다. "세례는 물이 뜻하는 모든 것을 뜻합니다." 그리고 제가 "물은 어떠한 의미가 있습니까?" 되물으면 대개 이런 답이 돌아옵니다. "물은 더러움을 씻어냅니다." "물은 상쾌하죠." "생명이 떠오르네요." 저 역시 앞에서 세례에 이런 의미들이 있다고 말했고 이는 세례에 관한 신약성경의 설명과도 일치합니다. 하지만 물에 대한 이처럼 긍정적인 의미만으로는 충분하지 않습니다. 신약성경은 다른 무엇보다 세례가 죽음을 뜻한다고 말하고 있으니까요.

초대교회에서는 세례대를 무덤 모양으로 만들곤 했습니다. 그런 식으로 초대교회는 현대인들은 종종 잊곤 하는 세례의 중요한 의미(죽음)를 기억했습니다. 물은 생명의 원천, 기원이자 생명을 지탱하는 것이면서 동시에 생명을 종결시킬 잠재력을 품고 있습니다. 우리 몸은 많은 물로 이루어져 있지만, 그중 아주 작은 양이라도 본래 있어야 하는 자리가 아닌 자리에 있게 되면 우리는 죽게 됩니다. 자궁에서부터 헤엄을 쳤을 정도로 우리는 물에 친숙하지만, 동시에 우리는 모두 물에 빠져 죽는 것에 대한 본능적인 두려움을 갖고 있습니다.

우리는 물을 자연스럽고, 신선하고, 상쾌한 것이라고 말합니다. 우리 현대인들은 그렇게 물을 낭만화합니다. 하지만 고대 이스라엘 사람들은 우리보다 물의 속성을 더 잘 알고 있었습니다. 아브라함의 후손들은 물을 두려워했습니다. 그들은 물을 (생명과 의미만큼이나) 죽음, 허무, 혼돈이 넘실대는 어둠으로 묘사합니다. 창세기 역시 주님께서 세상을 창조하기 위해 먼저 물을 길들여야 했다고 기록합니다. 그분께서는 창공을 만들고, 물을 창공 아래 있는 물과 창공 위에 있는 물로 나누셨고, 하늘 아래 있는 물을 한 곳으로 모아 땅이 있게 하셨습니다.* 성경은 이 모습이 주님 "보시기에 좋았

---

* "주님이 말씀하시기를 "물 한가운데 창공이 생겨, 물과 물 사이가 갈라져라" 하셨다. 주님이 이처럼 창공을 만드시고서, 물을 창공 아래에 있는 물과 창공 위에 있는 물로 나누시니, 그대로 되었다. 주님이 창공을 하늘이라고 하셨다. 저녁이 되고 아침이 되니, 이튿날이 지났다. 주님이 말씀하시기를 "하

다"고 이야기합니다.

　창조에 대한 또 다른 이야기를 전하는 창세기 2장에서 물은 생명을 공급하는 물질로 묘사되지만 몇 장만 뒤로 넘기면 생명의 원천이던 그 물은 죽음과 파괴를 몰고 오는 급류가 됩니다. 방주로 들어간 노아와 노아의 방주 밖에 죽음의 물이 솟구치는 모습이 대비를 이룹니다. 그렇게 세상이 물로 가득 찬 40일이 흐릅니다.

　　　　주님께서는 이 땅에 존재하는 모든 것을 쓸어 버리셨습니다.

　　　　　　　　　　　　　　　　　　　　　　　　　　　　(창 7:23)

하지만 노아와 그의 가족들, 방주 속 다른 피조물들이 다시 마른 땅에 서는 날까지 방주 안에서 생명을 보존하도록 방주를 띄워준 것 또한 그 물이었습니다. 그렇게 죽음의 물이 물러간 뒤 새로운 약속을 담은 무지개가 하늘 위로 떠오릅니다. 이제 다시 생명이 시작되었고 땅은 더는 물에 의해 멸망 당하는 일을 두려워하지 않게 되었습니다.

　이후에도 성경에는 물과 죽음, 파괴를 연결하는 구절들이 나옵니다. 시편 기자는 자신이 (물에 빠지듯) 비참에 빠졌다고 외칩니다.

　　　　깊음은 깊음을 부르며, 주님께서 일으키시는 저 파도의 물결은

────────────

늘 아래에 있는 물은 한곳으로 모이고, 뭍은 드러나거라" 하시니, 그대로 되었다. 주님이 뭍을 땅이라고 하시고, 모인 물을 바다라고 하셨다. 주님 보시기에 좋았다." (창 1:6-10)

모두가 한 덩이 되어 이 몸을 휩쓸고 지나갑니다. (시 42:7)

II

이런 점에서 요단강 기슭에 나타난 예수가 요한에게 세례를 베
풀어 달라고 요청하는 장면(물에 잠기게 해 달라고 요청하는 장면)은 대
단히 흥미롭습니다. 앞서 언급했듯 요한은 그리스도께서 오시기
전의 인물로 주님이 오실 길을 가리키는 사람이었습니다. 그는 '회
개의 세례'를 받으라고 외치며 사람들이 다가올 메시아를 예비하
도록 했습니다. 주님이 세상을 구원해 나가시는 과정에서 요한의
세례는 예비 단계, 일시적인 단계였습니다. 요한은 사람들에게 경
고했습니다.

나는 너희를 회개시키려고 물로 세례를 준다. 내 뒤에 오시는 분
은 나보다 더 능력이 있는 분이시다. 나는 그의 신을 들고 다닐
자격조차 없다. 그는 너희에게 성령과 불로 세례를 주실 것이다.

(마 3:11)

그렇다면 왜 예수는 요한에게 세례를 받았을까요? 예수도 죄를
회개하고 무언가를 준비해야 했던 것일까요? 과거 신앙의 선배들
도 그리스도께서 세례를 받으신 것을 두고 '그리스도에게도 죄가
있으니 세례를 받은 것 아닌가?'와 같은 질문이 나오지 않을까 염
려했습니다. 이와 관련된 과거 논쟁들을 여기서 일일이 다루지는
않겠습니다만 적어도 예수께서 요한의 세례를 인정하는 말씀을 하

셨다는 점은 언급해야겠습니다.

요한의 세례가 하늘에서 온 것이냐, 사람에게서 온 것이냐?
내게 대답해 보아라. (막 11:30)

주님께서는 요한의 세례가 하늘에서 온 세례라고 단언하셨습니다.
물론 예수께서 베푸시는 세례는 단순히 죄를 씻어주는 '회개의 세례' 이상의 세례입니다. 5장에서 언급했듯 예수께서 요한에게 나와 세례를 받으시면서 요한의 세례 자체가 변화합니다. 이전에 세례는 오실 메시아를 '사람이' 예비하는 예식이었으나 이제 세례는 '성령이' 활동하는 예식이 됩니다. 하늘이 열리고 소리가 들립니다. 이제 세례는 더는 기다리거나 준비하는 예식이 아닌, 주님께서 우리와 함께하심을 알리는 예식이 되었습니다. 그렇게 예수의 세례는 다가올 메시아를 예비하는 예식이 아니라 주님의 취임 예식이 되었습니다. 주님의 나라가 우리 가운데 임했음이, 예수가 하늘 아버지께서 기뻐하는 아들임이 드러났습니다.

그렇다면 예수는 어떻게 주님의 함께 하심을 드러냈을까요? 예수의 세례는 우리가 기다린 메시아가 예수임을 드러냈을 뿐 아니라 예상하지 못한 방식으로 드러냈습니다. 메시아는 군대를 거느린 군주의 모습이 아니라 종의 모습으로 왔습니다. 사람들을 다스리는 통치자가 아니라 순종하는 종, '모든 의를 이루는' 종으로 왔습니다. 세례를 통해 주님께서는 앞으로 하실 활동의 특징을 보여주셨습니다. 요한에게 세례를 받으시며 예수께서는 소외된 죄인들과 자신을 동일시하셨습니다. 그렇게 그분은 당신이 구원하러 온 이들의 종이 되시는 놀라운 모습을 보여주셨습니다.

구원받을 이들에게 자신을 바치는 구원자라니, 이러한 섬김의 속성은 무엇일까요? 이 역시 예수의 세례를 통해 알 수 있습니다. 서로 다른 상황에서 예수께서는 자신의 세례를 죽음과 연결합니다. 천방지축인 제자들을 향해 그분은 묻습니다.

> 너희는, 너희가 구하는 것이 무엇인지를 모르고 있다. 내가 마시는 잔을 너희가 마실 수 있고, 내가 받는 세례를 너희가 받을 수 있느냐? (막 10:38)

이어서 예수께서는 말씀하십니다.

> 그러나 나는 받아야 할 세례가 있다. 그 일이 이루어질 때까지, 내가 얼마나 괴로움을 당하는지 모른다. (눅 12:50)

이렇게 그분은 한발 한발 십자가를 향해 나아가십니다. 예수께서는 자신의 세례에 죽음을 겹쳐놓으십니다. 십자가에서의 죽음은 죽기까지 아버지께 순종한, 아버지를 따르는 세례였습니다. 요단 강 기슭에서 요한의 세례를 받으심으로써 그분은 인류를 옭아매고 있는 죄에 근본적으로 맞서는 길을 상징적으로 보여주십니다. 가장 그분다운 방식으로 죄에 맞서십니다. 예수는 우리를 구원하려 친히 종이 되셔서 죽음에 이르기까지, 즉 죽음의 종이 되기까지 아버지의 뜻에 순종하십니다.

요한이 베푼 세례의 의미는 그리스도로 인해 사라진 것이 아니라 오히려 더 깊은 의미를 얻게 되었습니다. 요한의 세례에서 강조한 회개, 돌아섬에 대한 요구는 죽음까지 나아감으로써 그 의미가 더 강렬해집니다. 요한의 세례는 세례받는 이에게 죄를 씻도록 요구했으나 예수는 죄에 근본적으로 맞서기를, 죽음까지를 요구합니다. 이제 주님의 명령을 따라 교회는 세례를 베풀고 이 세례를 통해 주님의 백성, 주님께서 자신의 백성과 함께하시는 이야기의 새로운 장이 열립니다. 이 새로운 이야기에서 종으로 보냄받은 이는 주님 자신입니다. 주님께서 인간이 되시고 악의 영토까지 내려가셔서 이에 승리하심으로써 죽음과 삶이 마주하게 됩니다.

예수가 이 땅에서 제자들과 활동할 때 누군가에게 세례를 베풀었다는 기록이 없는 이유도 아마 이 때문일 것입니다. 요한은 그저 사람들에게 회개를 준비하라고 요청했지만 예수는 그 이상을 선포했습니다. 그의 세례는 아버지에 대한 순종의 시작이었으며 이는 십자가에 달리기 전까지는 완수될 수 없었습니다. 그의 세례는 곧 그의 죽음의 시작이었습니다. 또한 주님의 종됨이라는 근본적이고 급진적인 섬김이 처음 드러난 사건이기도 했습니다. 그러니 예수, 그리고 예수와 함께하던 제자들이 공생애 기간 다른 이에게 세례를 베풀지 않은 이유는 아직 때가 이르지 않았기 때문입니다. 예수가 이 땅에서의 활동을 완수할 때까지, 십자가에 달리기 전까지 그의 나라는 온전히 준비되지 않았던 것입니다. 아직 이 세계가 온전히 구원받지 못했고, 예수의 세례가 아직 완결되지 않았기에 제자들도 세례를 시작할 준비가 되지 않았던 것이지요.

예수의 세례, 요단강에서 세례를 받을 때 드러난 전조는 십자가에서, 그가 묻힌 무덤에서 마침내 완성되었습니다. 십자가, 그의 무덤은 예수의 구원 활동이 시작된 곳이자 그의 세례가 완성된 장소입니다. 그곳에서 예수는 마지막 적과 맞닥뜨렸고 적은 패했으며, 그렇게 세상을 향한 주님의 사랑은 온전히 그 모습을 드러냈습니다. 주님께서 전하신 설교와 가르침이 현실로 드러났습니다. 인간 본성 깊은 곳에 자리한 죄와 미묘한 악, 강력한 악의 힘과 주님의 사랑이 대면했고, 그 강력한 사랑, 사랑의 깊이 앞에서 죄와 악은 패배했습니다. 그리고 이 모두가 십자가에서 온전히 드러났습니다. 예수는 십자가에 달린 채 고요하고도 승리에 찬 목소리로 말합니다.

다 이루었다. (요 19:30)

이제 예수의 구원 활동이 완수되었습니다. 세례의 모든 과정이 완성되었기에 예수는 제자들을 향해 자신의 구원 활동을 이어가라고 명령합니다.

그러므로 너희는 가서, 모든 민족을 제자로 삼아서, 아버지와 아들과 성령의 이름으로 세례를 주고 내가 너희에게 명령한 모든 것을 그들에게 가르쳐 지키게 하여라. (마 28:19~20)

이제 제자들은 나가서 "제자를 삼"습니다. 어떻게 제자가 됩니까? "세례"와 "가르침"을 받아 제자가 됩니다. 사도행전에는 "성령이 부어진" 교회가 태어난 날, 놀라워하는 군중을 향해 베드로가 설교하는 장면이 나옵니다. 설교 말미에 군중은 자신들이 구원을 받기 위해서는 어떻게 해야 하는지 묻습니다. 이에 대한 베드로의 답은 단순합니다.

> 회개하십시오. 그리고 여러분 각 사람은 예수 그리스도의 이름으로 세례를 받고, 죄 용서를 받으십시오. 그리하면 성령을 선물로 받을 것입니다. 이 약속은 여러분과 여러분의 자녀와 또 멀리 떨어져 있는 모든 사람, 곧 우리 주님께서 부르시는 모든 사람에게 주신 것입니다. (행 2:38~39)

세례는 참된 제자로 살아가는 삶으로 나아가는 입구이자 선포된 복음에 걸맞은 응답이며 그리스도인의 삶이 무엇인지를 보여주는 본입니다. 순종하는 삶, 종이 되는 삶, 사랑의 삶, 죽음의 자리에서조차 신실한 삶을 세례는 보여줍니다. 그렇다면 제자들이 왜 계속해서 세례를 이어가야 할까요? 그리스도께서 세례를 받으셨고, 그렇게 죄로 인해 고립되어 죽음에 놓여 있는 인간과 그리스도께서 함께하셔서 죽음의 종이 되셨는데 왜 제자들에게까지 계속 세례를 베풀어야 한다고 명령하신 것일까요? 세례는 어떻게 해서 주님 나라의 시작인 동시에 제자로 살아가는 삶의 입구가 된 것일까요?

바울의 글만큼 초대교회가 세례를 어떻게 이해했는지 잘 보여 주는 글도 없으니, 그의 글에서 이에 관해 언급하는 부분을 살펴보 겠습니다. 앞서 살폈듯 바울은 세례를 설명하기 위해 많은 비유를 사용했습니다. 그에 따르면 세례는 입양이며 탄생이고 죄를 씻는 예식이자 할례, 또 빛입니다. 하지만 무엇보다도 세례는 죽음이라 고 바울은 강조했습니다.

예수가 요한의 세례를 받았듯, 주님께 세례를 받음으로써 신자 는 자신이 진정으로 그리스도 안에 있음을, 그리스도와 같이 죽고 그리스도와 함께 사는 과정에 있음을 드러냅니다. 바울은 "세상 의 유치한 원리", "철학"처럼 얕은 물에서 허우적거리는 이들을 향 해 '세례 이전'의 이교주의는 더는 효력이 없다는 사실을, "여러분 은 이미 할례를 받았다"는 사실을 상기시켜 줍니다. 과거 이스라 엘 백성이 할례를 받아 주님의 백성이 되었듯 이제 그리스도인들 은 새로운 신분을 받았고 새로운 삶의 길을 걷기 시작했다는 것입 니다. 세례는 그리스도인에게 있어 '그리스도의 할례'입니다.

여러분은 세례로 그리스도와 함께 묻혔고, 또한 그분을 죽은 사 람들 가운데서 살리신 주님의 능력을 믿는 믿음으로, 그리스도 안에서, 그리스도와 함께 살아났습니다. 또 여러분은 죄를 지은 것과 육신이 할례를 받지 않은 것 때문에 죽었으나, 주님께서는 여러분을 그리스도와 함께 살리시고, 우리의 모든 죄를 용서하여 주셨습니다. 주님께서는 우리에게 불리한 조문들이 들어 있는 빚 문서를 지워 버리시고, 그것을 십자가에 못 박으셔서, 우리 가운데서 제거해버리셨습니다. 그리고 모든 통치자들과 권력자들의 무장을 해제시키시고, 그들을 그리스도의 개선 행진에 포로로 내세우셔서, 뭇 사람의 구경거리로 삼으셨습니다. (골 2:12~15)

세례는 죽음을 야기합니다. 세례를 받음으로써 우리가 이전에 갖고 있던 사고방식, 행동 양식은 죽음을 맞이합니다. 바울은 말했습니다.

여러분은 이미 죽었고 여러분의 생명은 그리스도와 함께 거룩하신 주님 안에 감추어져 있습니다. (골 3:3)

로마서 5장에서 바울은 그리스도 안에서 값없이, 받을 자격 없는 이들에게 주님께서 주시는 은총을 힘주어 증언하지만, 6장에서는 이러한 은총의 뜻을 오해하는 이들을 지적합니다.

그러면 우리가 무엇이라고 말을 해야 하겠습니까? 은혜를 더하게 하려고 여전히 죄 가운데 머물러 있어야 하겠습니까? (롬 6:1)

바울이 보기에 이렇게 묻는 이들은 세례의 의미를 잊어버린 것입니다.

우리는 죄에는 죽은 사람인데, 어떻게 죄 가운데서 그대로 살 수 있겠습니까? 세례를 받아 그리스도 예수와 하나가 된 우리는 모두 세례를 받을 때에 그와 함께 죽었다는 것을 여러분은 알지 못합니까? 그러므로 우리는 세례를 통하여 그의 죽으심과 연합함으로써 그와 함께 묻혔던 것입니다. 그것은, 그리스도께서 아버지의 영광으로 말미암아 죽은 사람들 가운데서 살아나신 것과 같이, 우리도 또한 새 생명 안에서 살아가기 위함입니다. 우리가 그의 죽으심과 같은 죽음을 죽어서 그와 연합하는 사람이 되었으면, 우리는 부활에 있어서도 또한 그와 연합하는 사람이 될 것입니다. (롬 6:2~11)

세례는 본질적으로 그리스도 안에서 변화된 삶이라는 열매를 맺습니다. 죄에 사로잡혀 있던 이전의 몸, 노예 상태가 더는 우리를 사로잡지 못합니다. 우리는 이제 '새로운 피조물'이 되었습니다. 과거의 자아는 죽고 '그리스도'를 향해 다시 살아납니다.

'죄를 씻어 깨끗해진다'는 말과 '새로운 피조물로 거듭난다'는 말 사이에는 현격한 차이가 있습니다. 그리스도교의 세례는 그저 세례자를 반복해서 깨끗이 씻기는 예식, 그래서 불멸하는 존재가 될 수 있을 만큼 깨끗해지게 해주는 예식이 아닙니다. 세례는 일종의 죽음이며 세례받은 이는 근본적으로 다른 체계(순종, 종됨, 공동체라는 체계)를 따라 사는 새로운 피조물이 됩니다. 그리고 이 모든 세례 배후에는 예수의 세례가 있습니다. 그의 죽음과 부활은 새로운 시대를 열어젖힙니다. 예수의 세례와 그의 죽음, '그리스도 안으로' 받는 우리의 세례 사이의 관계, 그 관계가 품고 있는 윤리적 함의를 바울은 분명하게 그려냅니다. 때로 그리스도께서 우리 안에서 하시는 일을 말할 때 바울은 이를 탄생이라 할지, 죽음이라 할지 갈팡질팡하는 것처럼 보이기도 합니다. '그리스도 안으로'의 세례에서 죽음과 거듭남은 동시에 일어나기 때문입니다.

III

세례에는 삶과 죽음이 함께 생동하며 교부들은 이런 세례 체험에 끊임없이 깊은 인상을 받았습니다. 4세기 예루살렘의 키릴로스 Cyril of Jerusalem는 세례를 앞둔 이들에게 세례 때 일어나는 과정에 대해 이렇게 설명했습니다.

> 당신은 신성한 세례가 이루어지는 거룩한 욕조로 인도받습니다. 그리스도께서 십자가에서 내려지고 이미 예비 된 무덤에 놓이셨듯이 말입니다. 각 사람은 질문을 받습니다. … 구원이 선포되고, 당신은 세 차례 물에 잠겼다가 물에서 나아오기를 반복합니다. 이는 그리스도께서 3일간 무덤에 묻히셨음을 상징합니다. 이 행동으로 인해 당신은 죽고 다시 태어납니다. 한때 당신의 무덤이었던 물이 이제는 당신을 품은 자궁이 됩니다. (신비 교리교육 Mystagogiae XXX III, 1080, C)

밀라노의 암브로시우스 Ambrose of milan 역시 세례를 죽음으로 설명했습니다.

세례를 받는 이라면 누구나 그리스도의 죽음을 통해 세례를 받습니다. "죽음을 통해"란 무슨 뜻입니까? 이는 그리스도께서 죽으셨듯 당신 또한 죽음을 맛보아야 한다는 뜻입니다. 그리스도께서 죄에 대하여 죽고 주님으로 살아났듯, 당신 또한 세례 성사를 통해 과거에 죄를 즐거워했던 것에서는 죽고, 그리스도의 은총에 의해 다시 살아난다는 뜻입니다. … 물에 잠길 때 당신은, 그분의 죽음을 그리고 매장을 받아들이는 것입니다. 당신은 그분의 십자가 성사를 받는 것입니다. … 당신은 십자가에 달릴 때, 그리스도에게 참여하는 것이며 우리 주 예수 그리스도의 선물에 참여하는 것입니다. (성사론De sacramentes Ⅱ, 23)

대개 세례는 부활절 전날 밤에 행해졌습니다. 적어도 중세 초기까지 그랬습니다. 그리스도교에서 유월절에 해당하는 이 날, 세례는 그리스도의 수난과 죽음을 우리의 죽음과 연결해 주었을 뿐 아니라 노예 상태로부터 해방되어 죽음에서 생명으로, 어둠에서 빛으로 나온다는 이날의 본래 뜻을 드러냈습니다. 종교개혁가들도 세례에 담겨 있는 '죽음과 삶'이라는 주제에 깊은 인상을 받았습니다. 『소요리문답』Der Kleine Katechismus에서 루터는 세례가 무슨 의미가 있느냐는 물음에 이렇게 답합니다.

세례란 매일의 회개와 참회입니다. 이것이 우리 안에 있는 옛 아담을 질식시키고, 모든 죄와 악한 욕망을 죽입니다. 그리고 우리를 매일 다시 태어나게 만듭니다. 그리하여 우리를 주님 앞에서 의롭고 순결한 새사람으로 부활하여 영원히 살게 합니다.

세례를 받으며 "옛 아담"은 물에 잠깁니다. 하지만 루터가 어딘가에서 말했듯 "옛 아담은 수영을 대단히 잘합니다". 앞서 이야기했듯 종교개혁가들은 우리 죄가 너무도 복잡하고 뿌리가 깊어 수천 번의 회심, 일생에 걸친 회개를 통해서만 죄를 근절할 수 있다고, 죽음만이 그 일을 가능케 한다고 확신했습니다.

회개와 회심은 세례를 통해, 그런 언어로 가장 잘 이해될 수 있습니다. 회개란 순전히 옛 자아가 죽는 일이며 세례를 베푸시며 우리를 무덤에 묻으신 주님께 계속해서 우리의 옛 자아가 죽게 해 달라고 간구하는 일입니다. 우리는 그렇게 죽음을 자청합니다. 매일 주님을 향해 돌아서서 우리는 아이처럼 주님께 이야기합니다.

> 제 힘으로는 저를 구원할 수 없습니다.
> 당신께서 해 주셔야 합니다.
> 저는 선한 사람이 될 수 없습니다.
> 저를 그런 사람으로 만들어주세요.
> 저는 제 생명을 보존할 수 없습니다.
> 제 생명을 취하셔서 당신의 사랑으로 감싸주세요.

이는 회개의 말이며 세례에 바탕을 둔 죽음의 말이기도 합니다. 종교개혁가들은 회개가 매일같이 세례를 향해 돌아서는 일이라고 말했습니다. 우리는 사는 동안 매일같이 죽기 위해 일어서야 합니다. 옛 자아가 죽을 필요가 없을 정도로, 그리스도를 향해 살아날 필요도 없을 만큼, 그러한 요구를 면제받을 만큼 나이가 많은 사람, 순수한 사람, 정의로운 사람은 없습니다.

그러므로 회심은 우리가 세례를 받는 자리에서 시작된 삶과 죽음을 매일같이 계속해서 살아내는 일이며 우리 스스로는 결코 이룰 수 없을 구원을 완성해 달라고 요청하는 일입니다. 세례는 단한 번으로 완전한 성사이며 이 성사가 우리의 삶을 마지막까지 이끌어 갑니다. 지난 장에서 말했듯 세례란 한순간 일어나는 사건이기보다는 과정입니다. 회심은 세례가 완성되어 가는 과정의 일부이며 우리 죄로 가득하고 불순종하며 교만한 자아가 주님께서 원래 뜻하신 모습으로 바뀌는 일입니다. 회심은 죽음을 통해 삶에 이르는 사건입니다. 한순간 그렇게 근본적인 변화가 완성될 수는 없는 법입니다. 이처럼 근본적인 변화에는 평생, 평생에 걸쳐 죽고 부활하는 과정이 있어야만 합니다.

1559년 성공회 기도서에는 이러한 기도가 수록되어 있습니다.

> 오 자비로우신 주님,
> 이 아이들 안에 있는 옛 아담이 죽어서 묻히게 하사,
> 새 사람이 그들 속에 일어나게 하소서. 아멘.
> 그들 안에 모든 육욕이 죽게 하시며,
> 영에 속한 모든 것이 살아나고, 또 자라나게 하소서. 아멘.
> 악과 세상과 육신에 대항하여 이기고,
> 승리를 거둘 힘과 권능을 내려 주소서. 아멘.

어떤 이들은 복음을 우리의 문제를 해결하는 것, 우리의 기대를 충

족하는 것, 괜찮은 사람을 더 괜찮은 사람으로 만드는 방법쯤으로
여깁니다. 그러나 위에 인용한 기도가 전해주는 이야기, 그리스도
교 전통이 전하는 이야기는 이와는 큰 차이가 있습니다. 세례식에
서 드렸던 저 기도는 그리스도인의 삶이란 오히려 문제가 시작되
는 삶이라고 말합니다. 저 기도는 그리스도인이 되면 우리의 소원
이 충족되리라는 기대를 파괴하고 우리가 선하다는 망상을 부숩니
다. 세례는 우리의 문제는 소소한 도덕적 과오를 수정하면 해결될
수 있는 그런 문제가 아니라고 이야기합니다. 우리는 너무나 심각
하게 죄에 사로잡혀 있습니다. 우리가 처한 문제는 전방위적인 수
정이 필요한, 평생이라는 시간이 걸려야 하는, 회심이 필요한 문제
입니다. 매일 이어지는, 때로는 고통스럽고, 때로는 두렵기도 한
죽음을 겪어야만 하는 문제입니다. 듀크대학교 동료 데이비드 스
타인메츠는 언젠가 말했습니다.

> 모든 회심에는 대가가 있다. 무언가를 얻기도 하지만, 무언가는
> 잃기도 한다. 이 상실은 고통스럽기 마련이다. … 복음은 우리를
> 괴롭히던 문제를 해결해 줄 뿐 아니라, 이전에는 없었던, 기어이
> 피했던 문제를 만들어 내기도 한다.

주님께서는 우리를 사랑하시고 받아주시지만, 또한 우리에게
분노하시고 심판을 내리십니다. 그분은 단 하나의 예외도 없이, 있
는 모습 그대로 우리를 취하시지만 동시에 세례를 통해 시작하신
당신의 일을 완수하실 때까지 우리를 내버려 두지도 않으십니다.

때로 주님께서 우리 안에서 하시는 일들로 인해 우리는 고통스러워집니다. 그분은 타락한 옛 자아를 파괴하시고 우리의 과거를 매장하시며 우리 안에 있는 편견을 쓸어버리시고 자기 중심성을 박살 내시고 침몰시키십니다. 새로운 현실이 펼쳐지기 위해서는 죽음이 와야 합니다. 그 죽음이 쓸고 간 자리를 새로운 존재가 차지해야 합니다. 삶을 위하여 죽음이 있고, 이 죽음은 살아남은 우리의 일상이 됩니다.

IV

성 베드로 성당 입구, 새로 만든 문에는 멋진 청동 조각(요한 23세John XXIII의 예술가 친구 자코모 만주Giacomo Manzu가 새긴 조각)이 새겨져 있습니다. 문에는 '타락으로 인한 죽음', '전쟁으로 인한 죽음'에서 '물로 인한 죽음'까지 다양한 죽음의 장면이 연작으로 묘사되어 있습니다. 위대한 교회로 들어오는 입구 문에 사람들을 환대하면서 죽음을 새겨 놓다니 어떤 이의 눈에는 기이하게도 보일 것입니다. 하지만 그럴 수밖에 없습니다. 우리는 먼저 죽음을 이야기해야만 합니다. 교회 정문에 종종 무덤 모양의 세례대를 두는 이유도 이와 같습니다. 세례를 받는다는 것, 교회로 들어선다는 것은 죽음을 자원하는 일이며 우리는 이를 기억해야 합니다.

아르헨티나에서 활동하고 있는 탁월한 복음주의자 후안 카를로스 오르티스Juan Carlos Ortiz는 세례를 베풀며 다음과 같은 세례 공식문baptismal formula을 사용했습니다.

나는 성부와 성자와 성령의 이름으로 당신을 죽입니다.

그리고 나는 당신이 주님을 섬기고 주님을 기쁘시게 하도록

그분의 나라에서 다시 태어나게 합니다.

다소 충격적인 표현입니다만, 세례란 본래 그런 것입니다.

대부분의 세례식에서 세례받는 이를 물에 완전히 잠기게 하는 대신 물을 뿌리는 식으로 물의 양을 줄이고, 장미꽃 봉오리와 레이스로 뒤덮여 있는 귀여운 아기에게 "주님은 너를 사랑하신단다. 우리도 너를 사랑해"라는 축복의 말만 전하는 이유는 세례받는 이에게, 아기에게 얼마나 기이하고 놀라운 일이 시작되었는지 우리가 상상조차 할 수 없어서가 아닐까요. 실은 우리는 모두 죽음을 피하고 싶어 합니다. 그러나 세례는 우리를 생명으로 이끄는 죽음입니다. 바울은 말합니다.

여러분은 이미 죽었고, 여러분의 생명은 그리스도와 함께 감추어져 있습니다. (골 3:3)

여기서 바울은 "죽었고"라는 말은 과거 시제로, 생명이 "그리스도와 함께 감추어져 있습니다"라는 말은 현재와 미래 시제로 이야기합니다. 주님의 소유로 선언 받기 위해, 거듭남을 아는 이로 살아가기 위해, 우리는 이 세상에서 소망을 잃은 자, 죽은 이로 살아갑니다. 세례를 받는다는 것은 사형선고를 받는 일입니다. 우리는 매일 생의 마지막을, 죽음을 연습합니다. 우리는 모든 것에 대해 죽

어야 합니다. 주님께서 이를 원하십니다. 마찬가지 맥락에서 세례는 부활을 연습하는 것이기도 합니다. 세례라는 죽음과 이 땅에서의 삶이 마무리되는 두 번째 죽음 사이에 놓은 시간을 우리는 세례를 받는 중에 우리를 물에서 살리신 주님께서 두 번째 죽음에서도 우리를 살리시라는 소망으로 살아갑니다. 자궁에서 아기가 나오듯 무덤에서 우리를 일으키실 것을 소망하면서 살아갑니다. 세례를 받을 때 사형 판정을 받고 다시 살아난 우리는, 세례를 받을 때 나오는 자신감으로 살아갑니다. 우리는 더는 죽음을 두려워하지 않습니다. 지나간 일을 두려워할 필요는 없기 때문이지요. 이러한 세례의 의미를 좀 더 적절하게 살리고자 한다면 세례를 받는 아기의 뺨에 입을 맞추기보다, 입에 인공호흡을 해 주어야 할지도 모르겠습니다. 이 가련한 아기는 세례를 받으며 (우리는 다 모르지만) 이제 막 죽음을 시작했습니다. 하지만 그 죽음 속에 생명이 있습니다.

정리해 보기

◇ 초대교회에서는 세례대를 _____ 모양으로 만들곤 했습니다. 그런 식으로 초대교회는 현대인들은 종종 잊곤 하는 세례의 중요한 의미(____)를 기억했습니다. (176쪽)

◇ 고대 이스라엘 사람들은 우리보다 물의 속성을 더 잘 알고 있었습니다. 아브라함의 후손들은 물을 두려워했습니다. 그들은 물을 (생명과 의미만큼이나) _____, _____, _____이 넘실대는 _____으로 묘사합니다. (176쪽)

◇ 예수께서 베푸시는 세례는 단순히 죄를 씻어주는 '_____' 이상의 세례입니다. … 예수께서 요한에게 나와 세례를 받으시면서 요한의 세례 자체가 변화합니다. 이전에 세례는 오실 메시아를 '_____' 예비하는 예식이었으나 이제 세례는 '_____' 활동하는 예식이 됩니다. (179쪽)

◇ 대개 세례는 _____에 행해졌습니다. 적어도 중세 초기까지 그랬습니다. 그리스도교에서 _____에 해당하는 이 날, 세례는 그리스도의 수난과 죽음을 우리의 죽음과 연결해 주었을 뿐 아니라 노예 상태로부터 해방되어 죽음에서 _____으로, 어둠에서 _____으로 나온다는 이날의 본래 뜻을 드러냈습니다. (188쪽)

◇ 로마서 6:1~14을 먼저 묵상합시다.

그러면 우리가 무엇이라고 말을 해야 하겠습니까? 은혜를 더하게 하려고, 여전히 죄 가운데 머물러 있어야 하겠습니까? 그럴 수 없습니다. 우리는 죄에는 죽은 사람인데, 어떻게 죄 가운데서 그대로 살 수 있겠습니까? 세례를 받아 그리스도 예수와 하나가 된 우리는 모두 세례를 받을 때에 그와 함께 죽었다는 것을 여러분은 알지 못합니까? 그러므로 우리는 세례를 통하여 그의 죽으심과 연합함으로써 그와 함께 묻혔던 것입니다. 그것은, 그리스도께서 아버지의 영광으로 말미암아 죽은 사람들 가운데서 살아나신 것과 같이, 우리도 또한 새 생명 안에서 살아가기 위함입니다. 우리가 그의 죽으심과 같은 죽음을 죽어서 그와 연합하는 사람이 되었으면, 우리는 부활에 있어서도 또한 그와 연합하는 사람이 될 것입니다. 우리의 옛사람이 그리스도와 함께 십자가에 달려 죽은 것은, 죄의 몸을 멸하여서, 우리가 다시는 죄의 노예가 되지 않게 하려는 것임을 우리는 압니다. 죽은 사람은 이미 죄의 세력에서 해방되었습니다. 우리가 그리스도와 함께 죽었으면, 그와 함께 우리도 또한 살아날 것임을 믿습니다.

우리가 알기로, 그리스도께서는 죽은 사람들 가운데서 살아나셔서, 다시는 죽지 않으시며, 다시는 죽음이 그를 지배하지 못합니다. 그리스도께서 죽으신 죽음은 죄에 대해서 단번에 죽으신 것이요, 그분이 사시는 삶은 주님을 위하여 사시는 것입니다. 이와 같이 여러분도, 죄에 대해서는 죽은 사람이요, 주님을 위해서는 그리스도 예수 안에서 살고 있

는 사람이라는 것을 알아야 합니다. 그러므로 여러분은 죄
가 여러분의 죽을 몸을 지배하지 못하게 해서, 여러분이 몸
의 정욕에 굴복하는 일이 없도록 하십시오. 그러므로 여러
분은 여러분의 지체를 죄에 내맡겨서 불의의 연장이 되게
하지 마십시오. 오히려 여러분은 죽은 사람들 가운데서 살
아난 사람답게, 여러분을 주님께 바치고, 여러분의 지체를
의의 연장으로 주님께 바치십시오. 여러분은 율법 아래 있
지 않고, 은혜 아래 있으므로, 죄가 여러분을 다스릴 수 없
을 것입니다.

◇ 위 본문에서 등장하는 "우리는 모두 세례를 받을 때에 그
와 함께 죽었다는 것"이란 구절은 어떤 의미를 가지고 있
을까요? 함께 생각해 보고 세례가 왜 "죽음"과 연결되는
지 이야기해 봅시다.

제10장

기억하라, 네가 누구인지를

> 너희 섬들아, 내가 하는 말을 들어라.
> 너희 먼 곳에 사는 민족들아, 귀를 기울여라.
> 주님께서 이미 모태에서부터 나를 부르셨고,
> 내 어머니의 태 속에서부터 내 이름을 기억하셨다.
>
> - 이사야 49장 1절 -

I

고등학생 시절, 매주 금요일, 토요일마다 데이트를 하려고 집을 나서던 제게 어머니께서 무거운 말로 인사를 해 주셨던 기억이 납니다. "네가 누구인지 잊지 마라." 저의 이름이나 집 주소를 잊어버리면 안 된다는 뜻으로 하신 말씀은 아니었지요. 데이트를 하다, 파티장 한복판에 있다가, 낯선 이들과 함께하다 나 자신을 잊어버릴 수 있으니 이를 경계하라는 뜻이었을 것입니다. 어떤 낯선 부름에 답하다, 일탈을 저지르다가 저를 길러준 가치들을 잃어버릴 수도 있을 테니 말이지요. "네가 누구인지 잊지 마라"는 말은 집을 나서는 아들에게 어머니께서 선사해 주신, 어머니다운 축도였던 셈입니다.

서로 상충하는 주장, 혼란스러운 부름이 횡행하는 현대의 한복판에서 우리는 우리가 누구인지 기억하는 일에 어려움을 겪곤 합니다. 우리는 가짜 부름에 응하며 우리의 잘못된 이름을 받아들이고 우리가 누구인지를 오해합니다. 우리는 우리가 누구인지를 쉬이 잊어버립니다. 이러한 와중에 청년들을 보면 애잔한 마음이 듭니다. '나는 누구인가?'라는 물음은 특히나 젊은이들에게 중요한 질문입니다. 10~20대 청년들은 자아를 찾고 정체성을 찾느라 많은 시간을 보냅니다. 그리고 무수한 당파 조직, 집단, 종교집단들이 이러한 질문에 당장이라도 답을 주겠다고 호언장담하고 이들을 현혹합니다.

영화나 TV 드라마, 노래들은 '나는 누구인가?'라는 질문에 '당신은 성적 존재입니다'라는 답을 제시합니다. 이들은 말합니다.

당신은 성욕이 있는, 성욕을 좇는 존재입니다. 당신의 가장 중요한 소유물은 바로 당신의 몸입니다. 당신의 몸을 가꾸고, 사랑하고, 내보이고, 어루만지고, 자랑하세요. 당신은 이성애자, 동성애자, 성적 만족을 갈망하고 이를 추구하는 존재, 오르가슴이 필요한 존재, 성적 대상이면서 성적 상대를 좇는 존재, 평생에 걸쳐 연애와 밀회와 만남과 낭만적 사랑을 누려 마땅한 존재입니다.

학교는 '나는 누구인가?'라는 질문에 '당신은 지적 존재입니다'라는 답을 제시합니다. 이들은 말합니다.

당신의 지성이 곧 당신입니다. 당신은 이성적으로 사고하고 추론하는 존재입니다. 사실과 숫자를 흡수하고 끝없이 학교에 다니며 아테나의 신전에 무릎을 꿇는, 삶을 위해 배우는 것이 아니라 배우기 위해 사는 존재지요. 아는 것이 힘이므로 가능한 많은 지식을 쌓아야 합니다. 당신이 누구인지가 중요한 것이 아니라 당신이 무엇을 아느냐가 중요합니다.

기업과 온갖 광고들은 '나는 누구인가'라는 질문에 '당신이 가진 돈이 곧 당신입니다'라는 답을 제시합니다. 이들은 말합니다.

당신이 가진 돈이 곧 당신입니다. 인생의 핵심은 돈을 벌고 쓰는 데 있습니다. 당신은 자본가, 생산자, 소비자이고 음향 장비, 자동차, 고급 가구, 컴퓨터, 아파트 혹은 집을 사려 돈을 대출하고 그 돈을 40년간 갚아갈 사람입니다.

과학을 중시하고 세속적인 현대 세계는 '나는 누구인가?'라는 질문에 '당신은 자율적인 존재, 자기 일을 스스로 해내는 사람입니다. 당신 자신에게 집중하십시오'라고 말합니다. 현대 세계는 끊임없이 속삭입니다.

> 당신을 돌봐줄 이는 당신 자신뿐입니다. 당신 자신은 당신의 삶
> 에서 가장 중요한 과제이지요. 스스로를 기르고, 돌보고, 사랑해
> 주세요. 당신이 스스로에게 가치를 부여해야 가치가 생기고, 당
> 신이 의미를 부여해야 의미가 있습니다. 그 외에 가치 있는 것은
> 없습니다. 당신을 가장 먼저 돌보고, 만족시키고, 위로하고, 행복
> 하게 해주고, 황홀하게 해주세요. 작고 외로운 '당신 자신'을 잘
> 돌보아 주세요.

답은 이렇게 계속 이어지고, 우리는 이 중 몇 가지 대답을 취사
선택합니다. 정체성에 관한 질문은 성인이 된다고 끝나지 않습니
다. 많은 이들은 서른이 되고 쉰이 되어도 여전히 이를 묻고, 여전
히 이 대답 저 대답을 섞어가며 그중에 어느 것이 정답일지 실험을
이어가며 살아갑니다. 그들은 끔찍한 상태에 이르기 전에 저 답들
이 서로 잘 섞여 일정한 모양으로 굳어지기를 바라는 듯합니다. 하
지만 그 바람은 이루어지지 않습니다. 상황은 계속 바뀌고 이에 따
라 우리는 달리 대처해야 하기 때문입니다. 자기 뜻대로 모습을 바
꾸었던 그리스 신화 속 영웅 프로테우스Proteus처럼 사람들은 상황
에 따라, 상황이 요구하는 대로 끝없이 변장을 이어 갑니다. 『인생
역정』Passages에서 게일 쉬이Gail Sheehy는 평생 계속되는 정체성의 위
기에 관해 이야기한 바 있습니다. 요람에서 무덤까지, 한 단계에서
다음 단계로 나아가며 우리는 묻습니다. '나는 누구인가?'

이 절박한 물음에 대한 교회의 전통적인 대답은 '당신은 세례를 받은 사람'이라는 것입니다. 이 책에서 저는 세례란 그리스도인들의 규범이자, 본이자 양식이며, 삶의 시작이자 끝이라고 말했습니다. 주님께서는 세례 안에서 교회를 통해 일하십니다. 세례를 받으며 우리는 그리스도의 죽음과 부활에 참여하여 구원을 받으며 주님의 가족이 됩니다. 세례를 통해 우리 안에서 새로운 생명이 시작되며, 우리는 주님의 선택을 받아 왕족이 되고 그분의 품에 안기게 됩니다. 세례를 통해 우리는 깨끗해지고, 주님의 자녀로 입양되며, 거듭나 새로운 정체성을 선물 받습니다. 세례를 통해 우리는 죽고, 구원을 받고, 세상으로 파송됩니다. 세례를 통해 우리는 주님의 소유가 되고, 그분은 당신의 나라로 우리를 부르셔서 우리에게 역할을 주시고 우리가 있어야 할 곳을 알려주십니다. 그리스도인들은 이 세상 여기저기를 여행하면서 자신이 누구인지를 발견하는 이들이 아닙니다. 그리스도인들은 세례대로 나아와 은총의 물을 바라보고 받음으로써 자신이 누구인지를 발견합니다. 저 물에 비친 우리야말로 진정한 우리 자신입니다.

'나는 누구인가?'

당신은 주님께 이름을 받은 사람입니다.

세례대 앞에 나온 아기를 향해 성직자는 전통적으로 '이 아이에게 어떤 이름을 주겠습니까?'라고 물었습니다. 육신의 가족이 붙여주는 이름과는 또 다른 이름인 '세례명'을 주는 행위는 아이에게 교회가 그리스도인으로서 이름을 주는 행위라 할 수 있습니다. 초대교회에서는 아이의 이름을 (주로 성인의 이름을 따서) 교회가 지어주었습니다. 이 '이름 짓기'는 한 사람이 큰 전환이나 극적인 변화를 경험할 때 이름을 바꾸던 시대를 연상시킵니다. 성경에도 이런 기록이 있지요. 아브람이 "큰 민족을 이루리라"는 약속을 받으면서 '아브라함'이 되고, 게바는 "반석 위에 교회를 세우리라"는 주의 약속을 받고 베드로가 되며 사울은 다메섹에서 압도적인 회심을 경험하고 사도 바울이 됩니다. 이러한 이름 바꿈, 새로운 이름은 옛것이 근본적으로 깨지고 새로 시작되는 삶을 상징합니다.

일반적으로 이름은 '주어지는 것'입니다. 일상에서도 많은 이들은 '공식 이름'이 있음에도 불구하고 친구들이 붙여준 별명으로 불립니다. 법적인 절차를 밟아 자신의 이름을 스스로 선택하는 경우도 있습니다. 하지만 이는 우리가 이름과 만나는 일반적인 방식은 아닙니다. 보통 이름은 선물로 주어집니다.

이러한 맥락에서 삶은 자신에게 주어진 이름의 크기에 걸맞은 사람이 되어 가는 과정, 그 이름으로 자라는 과정, 그 이름에 응답해 가는 과정이라 할 수 있습니다. 우리는 삶을 살아가며 그 이름에 의미를 더해갑니다. 아기에게 윌리엄이나 캐서린이나 엘리자베스나 아더 같이 커다란 이름을 붙이는 것이 처음에는 어색하게 보일지도 모릅니다. 하지만 아이는 그 이름을 향해 자라갈 것입니다. 이름에 딱 맞게 자라나 그 이름을 채울 때까지, 그 이름이 아이에게 자연스러워질 때까지, 다른 이름으로 부르는 것이 상상할 수 없게 될 때까지 자랄 테지요.

'세례명', 혹은 '신명'을 세례식에서 받든 받지 않든 간에 (오늘날 대다수 개신교회에서는 그렇게 하지 않습니다) 세례는 언제나 이름을 주는 예식으로 남아 있습니다. 세례를 받을 때 우리는 '그리스도인' 이라는 이름을 받습니다. 그 이름을 몇 살에 받든, 이름은 (구원이 그러하듯) 그 자체로 선물입니다. 우리가 획득하거나 공을 세워 얻은 것이 아닌, 과분한 선물이지요.

교회는 우리에게 '그리스도인'이라는 이름을 부여함으로써 우리가 누구인지, 어떻게 우리가 우리 자신이 될 수 있는지에 대해 세상과는 근본적으로 다른 이야기를 전해줍니다. 세례는 세례받은 이에게 새로운 정체성을 주며 그 정체성이 '선물', 주님께서 교회 공동체를 통해 은총으로 주신 선물이라고 이야기합니다. 정체성이란 개인적으로 발견하는 것이라고, 자아의 어둡고 후미진 곳을 헤집고 다닌 끝에 발굴해 내는 것이거나, 고양된 찰나의 순간 슬쩍 모습을 드러내는 것이라고 배워 온 현대인들에게 정체성이 획득하는 것이 아니라 주어지는 것이라는 그리스도교 신앙의 이야기는 충격적입니다. 그러나 현실에서도 가족의 일원으로서 '나'의 정체성은 발견하는 것이 아닙니다. 가족 이름(성)도 획득하는 것이 아닙니다. 우리는 그것들을 그저 선물로 받습니다. 매일 가족 구성원들에게 사랑받고, 돌봄을 받으며 우리는 우리가 누구인지를 익혀갑니다.

그리스도인이라는 정체성 역시 마찬가지입니다. 6개월 된 아기와 60세 된 노인이 같은 방식으로 '그리스도인'은 아닐지도, 그 이름을 같은 방식으로 품고 있지는 않을지도 모릅니다. 하지만 그리스도인이 된 사람에게 시간을 주면, 그래서 그가 그 이름을 향해 자라면 결국 그는 그 이름에 걸맞은 이가 되어 갑니다.

오늘날 사회는 젊은이들에게 말합니다.

우리는 당신에게 전수해 줄 가치 따위는 갖고 있지 않습니다. 당신에게 전할 말도, 당신에게 줄 이름도 없으니 나가서 당신의 정체성을 스스로 찾으십시오.

얼마나 멍청하고 무신경한 말입니까? 이런 사회 속에서 너무나도 많은 이들이 길을 잃고 헤매고 있다는 것은 전혀 놀라운 일이 아닙니다. 더더욱 안타까운 것은 교회도 비슷한 이야기를 전하고 있다는 점입니다.

우리도 당신에게 전할 가치를 갖고 있지 않습니다. 당신에게 전해 줄 것도, 전해 줄 이야기도, 당신의 삶을 뒤흔들 말도, 전해줄 이름도, 사명도 없습니다.

이 얼마나 무감각하고 불성실한 일입니까? 그렇게 우리는 20세가 되고 30세가 되어도 불안에 잠식된, 도덕적 상대주의라는 바다를 표류하는 이들을 양산해 냅니다. 방향도, 목적도 잃어버린 이들은 결핍된 자신을 압도할 만큼 강력한 정치적 신념이나 사상, 광신주의에 젖어 들게 됩니다. 많은 교회가 소심하게 어떻게 청년들에게

'매력적으로' 다가갈지, 그들을 '신나게' 해 줄 수 있을지 고심합니다. 자라나는 아이들이 교회를 어머니로 받아들일지 어떨지, 그들이 내릴 결정을 불안해하며 기다립니다. 온갖 문화 프로그램을 운영하고 운동 시설을 교회에 짓고 아이들을 데리고 놀이동산이나 극장에 가면서 그런 활동을 '청소년 목회'라 부릅니다. 어떠한 방식이든 아이들은 하품을 하다 가버리지요. 아이들도 자신이 누구인지도 모르는 이에게 자신의 정체성을 물어봐야 아무런 의미가 없다는 것을 알 정도의 감각은 있습니다. 다시금 우리 교회가 용감하게 자녀들을 세례대에 세울 날, 그리고 이렇게 선포할 날이 오기를 기도합니다.

이 아이는 우리에게 속한, 우리 중 하나입니다. 주님께서는 이 아이를 향해 큰 계획을 갖고 계시며 아이는 그 일을 위해 구별되었습니다. 우리는 이 아이를 그리스도인이라 부릅니다.

'나는 누구인가?'

세례는 이 물음에 우리는 이름을 받았다고, 우리는 왕족이라고 이야기합니다. 물론 우리는 죄인입니다. 고귀한 대접을 받아 마땅할 만큼 의롭게 살지도 못합니다. 하지만 죄나 불의가 중요하고 문제가 되는 것은 역설적으로 우리가 본래 그 이상의 존재로 창조되었기 때문이며 우리가 이를 알기 때문입니다. 죄는 가치 있는 존재로 창조된 우리 특성에 걸맞지 않기 때문입니다. 오직 그 이유로 우리는 죄에 주목합니다. 비인간화된 모습으로 살아가는 것 자체가 신성모독이 되기 때문이지요. 우리는 존엄한 존재로 창조되었기에 존재 자체로 소중하고 고귀합니다. 우리는 주님께서 대가를 치르고 받으신 양자이자 그분의 상속자이면서 왕 중의 왕 되신 그분과 함께할 이들입니다.

그리스도교는 '당신이 중요한 사람인 양 행동하려 애쓰라'는 메시지를 전하지 않습니다. 그리스도교는 '당신은 정말 중요한 사람'이라고 말합니다. 교회는 주님의 상속자 중 단 한 사람도 비참과 배고픔, 헐벗음, 억압, 박해당하며 길을 잃도록 내버려 두지 않습니다. 어떤 사람, 어떤 집단, 어떤 정부든 주님의 자녀의 거룩한 형상이 왜곡되거나 가려지도록 방치하지도 않습니다.

어떤 활동가들은 '세상을 섬기려면 교회는 무엇을 해야 할까?' 하고 묻습니다만 그러다 보면 세상이 간절히 원하는 무언가를 주기 위해 애쓰게 되고, 그 결과 사실상 세상의 시종, 심부름꾼이 되는 문제들을 낳곤 합니다. 그리고 이는 오늘날 교회가 빠질 수 있는 커다란 유혹입니다. 이 세상에서 하는 모든 행동이 주님의 활동에 속해 있는 것은 아닙니다. 우리는 세례받은 자, 세례를 주는 자이며 이를 몸과 마음에 되새기고 물어야 합니다. '어떻게 복음이 명령하는 바('온 세상에 … 세례를 주라')를 따라 교회가 이 세상을 섬길 수 있을까?', '어떻게 이 세상이 자신의 참된 모습, 주님께서 창조하신 세계 본연의 모습, 주님께 사랑받는 피조물이라는 정체성을 발견하도록 도울 수 있을까?'

한편 상당수 복음주의자는 '교회가 어떻게 개인을 구원할 수 있을까'라는 물음에만 집중하다 보니 개인 내면의 변화에만 신경을 쓸 뿐, 사회 문제나 요구, 공동체의 악, 사회 부정의에는 눈을 감기 일쑤입니다. 그 결과 구원이 사적인 것, 주관적인 것, 정서적인 것, 개인 심리 치료 활동으로 축소되고 복음은 작고 지엽적인 것이 되고 맙니다. 세례를 받은 이, 세례를 주는 이로서 우리의 책무는 온 세상을 아우르며 이 세상을 향합니다. 복음주의자든 활동가든 우리는 모두 주님께서 소중히 여기시는 상속자들을 향해 기쁜 소식을 전하고, 또 실천해야 합니다.

'나는 누구인가?'

이 물음에 세례는 우리에게 이름을 주며 우리를 왕족이라고 우리가 영원한 주님의 소유라고 답합니다. 앞서 세례란 주님께서 자신의 소유에 자신의 것이라는 인장을 찍는 것이라고 말한 바 있습니다. 주님은 십자가라는 어마어마한 대가를 치르시고 우리를 사셨습니다. 그리고 그분은 자신의 소유를 언제까지나 지키실 것입니다. 의심으로 괴롭거나 혼란스러울 때, 내면이 소란스럽고, 소망이 없을 때 자신의 이마를 짚어 보십시오. 세례의 징표, 인장이 박힌 이마를 더듬으며 자신이 받은 세례를 기억하십시오.

오늘날 교회들은 예배 중에 주기적으로 세례식을 행하므로 회중에게도 주기적으로 세례를 되새겨볼 기회가 생깁니다. 이는 오늘날 세례 예식의 장점이라 할 수 있습니다. 이러한 세례식은 전체 회중이, 신자 한 사람 한 사람이 자신이 받은 세례를 기억할 수 있도록 도와줍니다. 세례를 받을 때 세례를 통해 주님께서는 교회를 통해 우리를 자신의 소유라 선언하십니다. 그분은 자신의 소유인 백성들을 쉬이 떠나가게 내버려 두지 않으십니다.

한 소년이 있었습니다. 저는 5년간 그 아이를 알고 지냈고 그리스도교 신앙을 가르쳐주었고 세례를 주었습니다. 그 아이가 고등학교에 다니며 자라는 모습도 지켜보았습니다. 교회는 가정환경이 썩 좋지 않던 아이가 대학교에 갈 수 있도록 도움을 주기도 했습니다. 어느 여름날, 아이는 대학교에 가게 되어 집을 떠났다가 1학년 여름 방학을 보내러 돌아왔습니다. 아이는 교회 사무실로 저를 찾아와서는 올여름 내내 집에 있을 계획이지만, 교회에서 자신을 보기는 어려울 것이라고 하더군요. 제가 이유를 묻자 그 친구는 답했습니다.

"대학에 다니면서 종교에 대해 생각을 많이 해봤습니다. 그리고 종교 따위는 별것 없다는 결론을 내렸어요. 교회에 더는 다닐 필요가 없다는 생각이 들었습니다."

저는 말했습니다.

"그래. 흥미로운 이야기 잘 들었다."

그러자 아이는 어리둥절해하며 묻더군요.

"걱정되지 않으시나요? 이 말을 하면 목사님이 화를 내실 줄 알았어요."

"흥미롭기는 하다만 그렇게 걱정이 되지는 않아. 네가 주님 품에서 벗어날 수 있을지 모르겠거든."

"그게 무슨 뜻이죠? 이해가 안 되네요. 저도 이제 성인이에요.

제가 제 일생을 결정하고 하고 싶은 대로 할 수 있는 나이잖아
요. 아닌가요?"

"나도 네 나이 때 내가 '단독자'라고 생각했어. 다만 나는 네가
정말 그분에게서 벗어날 수 있을지 확신이 안 선다고 말했을
뿐이야."

제 답에 아이는 더 혼란스러운 듯했습니다.

"왜 그렇죠?"

"음, 이유는 하나야. 너는 세례를 받았잖니."

"그게 이거랑 무슨 상관이죠?"

"글쎄, 네가 버리고 거절하고 잊어버리려 해도 언젠가 너는 그
사실을 알게 될 거야."

"제가 세례를 받았다는 것이 종교를 버리는 일과 무슨 상관이
있는지 모르겠는데요."

"네가 세례를 받았을 때 너를 끝까지 돌보겠다고 주님께 약속
한, 너를 사랑하는 사람들이 있잖니. 네가 올여름 교회에 나타
나지 않는다고 해도 그들은 너를 버리지 않을 거야. 뭘 하고 지
내냐고 묻고, 이번 학기 성적이 어땠냐고 묻고, 어떻게 지내는
지 묻고 또 물으면서 너에 대한 관심을 이어가겠지. 그리고 주
님이 계시잖니. 그분이 네게 어떻게 하실지는 새삼 말할 필요
도 없겠지. 내가 봐온 대로라면 그분은 당신의 소유로 선언한
이들을 그렇게 순순히 풀어주시는 분이 아니야. 자기 소유에
대해서는 가차 없으신 분이시지. 네가 세례를 받을 때 그분은
너를 당신의 것이라고 말씀하셨단다."

이 기이하고 말도 안 되고 교회스러운 추론에 아이는 당혹스러워하며 고개를 절레절레 젓더니 사무실 밖으로 나갔습니다. 그리고 일주일이 지났습니다. 아이는 예배당 둘째 줄, 그 아이가 늘 앉던 자리로 돌아왔습니다. 세례를 베푸신 주님께서 당신 하실 일을 하신 것이지요. 그분은 다시금 확고하게 자신에게 속한 이를 지켜내셨습니다. 언젠가 C. S. 루이스는 무신론자들을 안타까워하며 이야기했습니다. 무신론자들도 그분의 덫에 걸려 있다고, "그분은 자신의 목적을 위해서라면 무슨 짓이든 마다하지 않으시는 분"이라고 말이지요.* 세례를 받을 때 주님은 우리가 당신의 소유이며, 당신에게 속한 것은 반드시 지키신다고 말씀하셨습니다. 우리가 받은 세례를 기억한다는 것은, 우리가 누구인지를 기억하는 일이며 우리가 누구의 것인지를 기억하는 일입니다.

III

알렉스 헤일리Alex Haley의 소설 『뿌리』Roots에는 잊지 못할 장면이 나옵니다.** 어느 날 밤, 노예 쿤타킨테는 집단 농장에 있는 축제 장소로 주인을 데리고 갑니다. 축제가 열리는 곳에서는 백인들이 춤을 추고 있고 그 음악 소리는 밖에서 기다리는 쿤타킨테의 귀에까지 들려 옵니다. 긴 밤 내내 마차를 세워두고서 그는 흥청망청 마시고 노는 주인을 기다립니다. 그런데 쿤타킨테의 귀에 다른 음

---

* 저자는 출처를 밝히지 않았지만 C. S. 루이스의 『예기치 못한 기쁨』Surprised by Joy에 나오는 구절이다. 『예기치 못한 기쁨』(홍성사)

** 한국어로는 다음 책으로 출간된 바 있다. 『뿌리 상·하』(열린책들)

악 소리가 들려오기 시작합니다. 그 소리는 큰 저택 뒤편 작은 오두막에서 나오는 소리였습니다. 쿤타킨테의 발은 홀린 듯 백인들의 음악과는 다른 음악, 다른 리듬이 새어 나오는 그 오두막을 향합니다. 그곳에서 연주되는 곡은 아프리카 음악이었습니다. 그가 어린 시절 아프리카에서 들었던, 그동안 거의 잊고 살았던 노래였지요. 자신의 동향 사람이 그 오두막에서 연주를 하고 있었던 것입니다. 둘은 서로 들떠 모국어로 고향에 관해 이야기를 나눕니다.

그렇게 축제가 끝나고 집에 돌아온 그 날 밤, 쿤타킨테는 자신이 살던 작은 오두막 더러운 마룻바닥에 누워 흐느낍니다. 자신이 있는 곳이 진정한 집이 아니라는, 잊고 싶었던 사실을 다시 깨닫게 된 슬픔에 흐느끼고, 자신의 진정한 집이 어딘지 알게 된 기쁨으로 흐느낍니다. 끔찍하고 모멸스럽던 노예 생활은 쿤타킨테가 자신이 누구인지를 망각하게 했지만, 고향의 음악은 다시 그에게 그 기억을 돌려주었습니다.

예수께서도 이런 이야기를 들려주신 적이 있지요. 한때 집을 떠난 남자의 이야기입니다. 남자는 아버지에게 말했습니다. "아버지, 제가 받을 몫을 주십시오. 저는 이 집을 떠나겠습니다." 그리고는 집을 떠나 '먼 나라'로 향합니다. 남자는 그 먼 나라에서 마음대로 사느라 유산도 다 써버리고 돼지처럼 살게 되기에 이릅니다. 그러던 어느 날 그는 정신이 듭니다("정신이 들었다"는 표현은 예수께서 직접 쓰신 말입니다). '잠깐, 이 먼 나라에서 나는 뭘 하고 있는 거지. 내가 왜 돼지처럼 죽도록 굶주리며 노예처럼 살고 있는 거야. 나에겐 아버지가 계시잖아. 나에게는 집이 있잖아.'

남자는 그렇게 자신이 누구였는지를, 집을 기억해냅니다. 그 기억으로 그는 (예수의 말을 빌리면) "자기 자신으로 돌아옵니다". 이제 남자는 집을 향해 발길을 돌이킵니다. 그가 자신에게 아버지가 있음을 기억해 아버지의 아들이 되는 것이 아닙니다. 그전에는 아들이 아니었다가 그 기억이 나면 갑자기 아들이 되는 것이 아닙니다. 처음부터 그는 아버지의 아들이었습니다. 다만 그제야 그는 자신이 원래 누구인지를 기억했을 뿐입니다. 이것이 바로 회심입니다. 이와 관련해 존 헨리 뉴먼John Henry Newman은 말했습니다.

나는 알게 되었습니다.
하지만 내가 안다는 것을 알기까지
나는 알지 못했습니다.

이 탕자의 비유는 세례에 관한 비유로도 볼 수 있습니다. 삶의 한복판에서 우리가 누구이며 누구의 것인지 잊기란 얼마나 쉬운지 이 비유는 이야기해 줍니다. 교회가 '지금, 여기'에 있는 이유는 여러분에게 이를 떠올리게 하기 위해서입니다. 주님께서 대가를 치르시고 우리를 사셨습니다. 위대하신 그분은 우리에게 이름을 주십니다. 우리를 당신의 자녀라 선언하십니다. 우리에게 끝없는 사랑을 내어주십니다. 바로 이를 알고, 서로 기억하게 해주기 위해 교회는 존재합니다. 그분께서 오직 사랑 때문에, 유일하게 타당한 그 이유 때문에, 영원히 우리를 사랑하시기 위해서 우리에게 교회를 주시고 세례를 베푸십니다. 당신이 받은 세례를 기억하십시오.

그리고 감사하십시오. 당신은 세례를 받음으로써 당신이 누구인지 알게 되었고 그렇게 당신이 되었기 때문입니다.

정리해 보기

◇ 초대교회에서는 아이의 이름을 (주로 성인의 이름을 따서) _____가 지어주었습니다. (204쪽)

◇ 세례를 받을 때 주님은 우리가 당신의 _____이며, 당신에게 속한 것은 반드시 지키신다고 말씀하셨습니다. 우리가 받은 _____는 것은, _____를 기억하는 일이며 _____를 기억하는 일입니다. (212쪽)

생각해 보기

◇ 세례를 준비하고 있다면 준비하면서, 세례를 이미 받았다면 세례받은 경험을 되새기며 세례 서약문을 직접 적어봅시다.

◇ 당신이 당신이라는 것으로 인해, 주님께서 만드신 당신의 모습으로 인해 감사하는 기도를 써 봅시다.

· 부록은 이 책을 통해 세례 교육(유아세례 교육)을 진행하고자 하는 교회와 인도자(성직자/교사)를 위한 안내입니다.

· 교육 기간은 이 책의 장에 따라 10주 과정을 기준으로 합니다. 교육에 참여하는 사람(부모)은 반드시 미리 책을 읽고 각 장의 시작과 끝부분에 나오는 질문을 미리 준비합니다. 교회 전통에 따라 사순절 6주간을 세례 교육 기간으로 삼는다면 1주(1장), 2주(2~3장), 3주(4~5장), 4주(6~7장), 5주(8~9장), 6주(10장)로 묶을 수도 있습니다.

· 각 장의 질문에는 책의 내용 이해를 돕기 위한 질문과 자신의 삶과 생각을 돌아보고 적용하기 위한 질문이 있습니다. 인도자가 내용 이해에 더 필요하다고 생각되는 질문이 있다면 직접 만들어 볼 수 있습니다.

· 교육은 소그룹으로 진행할 수 있고 일대일로도 진행할 수 있습니다. 상황에 따라 질문과 과제를 적절하게 적용하기 바랍니다.

· 세례 교육을 본격적으로 진행하기 전에 준비모임을 가지면서 책 소개를 하고, 아래 준비 질문을 던져보는 시간을 가져보십시오.
  - 세례를 받으려면 어떤 조건을 갖춰야 한다고 생각합니까?
  - 세례를 받는다고 생각할 때 당신에게는 어떤 마음이 듭니까?
  - 세례 교육을 받는 동안 당신이 기대하는 바는 무엇입니까?

다음은 각 장 진행을 위한 참고사항입니다. 각 모임에서 필요한 대로 수정 적용해서 사용할 수 있습니다.

1장

인도자는 1장 "읽기 전 생각해 보기" 질문에서 나온 대답을 메모해서 중요한 부분을 짚어 줍시다. "생각해 보기" 질문을 나눈 뒤 교육 대상자의 관심도와 이해 정도를 살피기 위한 참고용으로 삼습니다. 질문 후 아래 질문을 더할 수 있습니다.

'세례의 경험이 당신의 정체성 형성에 어떤 영향을 미칠지 생각해 봅시다.'

2장

"읽기 전 생각해 보기" 질문에서 나는 누구인지 충분히 말할 수 있는 시간을 갖습니다. 2장 읽기를 마친 후 주어진 질문에 더해 자녀 또는 가족 가까운 친구나 이웃에게 자신이 새롭게 깨달은 정체성을 어떻게 전해줄 수 있을지 말해보는 연습을 해보도록 합시다.

3장

"생각해 보기" 질문 후에 다음의 문장을 기초로 삼아 전체 내용을 정리해 보는 시간을 가져보도록 합시다.

"세례는 주님의 활동입니다. 왜냐하면 ……"

4장을 읽어 오기 전에 70쪽에 있는 "읽기 전 생각해 보기"에 있는 과제를 해 오도록 제시합니다. 또한 그리스도인은 자녀를 어떻게 양육 해야 할지 그 기준이나 지침을 생각해 보게 합시다.

4장

먼저 지난주에 과제로 제시한 편지와 자녀 양육에 관한 생각들을 나눠보는 시간을 갖습니다. 본문을 읽고 난 뒤 생각의 변화가 있는지, 어떤 점을 보완하면 좋을지 이야기를 나눠 봅시다. 그리고 아이의 세례를 바라는 가정에게 어떤 이야기를 전해주면 좋을지도 생각해 봅니다. 5장 "읽기 전 생각해 보기"를 읽고 준비해 오도록 합시다.

5장

먼저 참여자들에게 죄란 무엇인지 직접 정의해보도록 안내합시다. 그리고 자신이 죄인이라고 생각한다면 그 이유는 무엇이고, 죄인이 아니라고 생각한다면 그 이유는 무엇인지 이야기를 나눠보도록 합시다. 6장 "읽기 전 생각해 보기"를 살피고 준비해 오도록 합시다.

6장

5장에 이어서 죄인들이라는 고백과 교회가 우리에게 필요한 이유가 무엇인지를 연결 지어 이야기해 봅시다. "생각해 보기"에 있는 질문에 대한 그리스도교 전통이 제시하는 바를 참여자들이 잘 익힐 수 있도록 인도자가 미리 내용을 숙지합시다('홀로 있는 그리스도인'이 있을 수 없는 이유, 세례가 공동체의 것인 이유 등). 7장을 읽기 전에 복음서에 묘사된 예수의 세례 관련 본문(눅 3:12, 마 3:1~17)을 읽어 오게 합시다.

7장

예수의 세례 관련 본문을 읽으며 발견한 내용을 나눠 보고 7장을 공부한 후 다시 한번 예수의 세례 장면에서 깨달은 내용을 나눠 봅니다. 8장의 "읽기 전 생각해 보기" 질문에 나름의 답변을 준비해 오게 합시다.

8장

8장을 공부한 다음 다시 "읽기 전 생각해 보기" 질문에 답해 봅시다. 다음 장을 준비하며 바울이 "그리스도와 함께 죽었다"고 한 말이 무슨 뜻인지 그리고 세례가 어떻게 죽음과 연결되는지 생각해 봅시다. "읽기 전 생각해 보기" 질문에도 미리 준비하게 안내합시다.

9장

죽음과 거듭남으로서의 세례, 그 의미를 더욱 극적으로 경험하려면 세례식이 어떻게 변화되면 좋을지 이야기를 나눠 봅시다. 이를 위해 구체적으로 교회의 각종 위원회나 모임에서 그 일을 어떻게 도울 수 있을지도 생각해 봅니다. 다음 장을 살피기에 앞서 10장 "읽기 전 생각해 보기" 질문에 답할 수 있도록 안내합시다.

10장

각자가 쓴 세례서약문을 나눠 읽는 시간을 가지고 어떤 부분을 보완하면 좋을지도 이야기해 봅시다.

전능하신 주님,

주님께서는 세례로 말미암아 죄악된 옛 생활을 떠나

성자 예수 그리스도의 죽음과 부활에 참여하게 하시나이다.

기도하오니, 이제 그리스도 안에서 새 생명으로 거듭난 우리가

일생토록 거룩함과 의로움으로 살게 하소서.

- 성공회 기도서 세례 예식 中 본기도 -

기억하라, 네가 누구인지를

‒ 세례를 받는 모든 이에게

초판 1쇄 │ 2020년 3월 28일
3쇄 │ 2023년 3월 31일

지은이 │ 윌리엄 윌리몬
옮긴이 │ 정다운

발행처 │ 비아
발행인 │ 이길호
편집인 │ 김경문
편 집 │ 민경찬 · 양지우
검 토 │ 김영훈 · 손승우 · 전은성 · 조윤
제 작 │ 김진식 · 김진현 · 이난영
재 무 │ 이남구
마케팅 │ 양지우
디자인 │ 손승우

출판등록 │ 2020년 7월 14일 제2020-000187호
주 소 │ 서울시 강남구 봉은사로 442 75th Avenue 빌딩 7층
주문전화 │ 010-7585-1274
팩 스 │ 02-395-0251
이메일 │ innuender@gmail.com

ISBN │ 978-89-286-4674-6 04230
ISBN(세트) │ 978-89-286-4375-2 04230
한국어판 저작권 ⓒ 2020 ㈜타임교육C&P